玩转零售

中小农商银行业务升级与科技创新

段治龙◎著

中国金融出版社

大咖荐书

曾刚：

/ 国家金融与发展实验室副主任，研究员，博士生导师 /

　　对于中小农商银行而言，深耕本地的定位决定了其良好的零售银行客群基础，但在较长的时间里，由于经营理念和能力等方面的制约，对零售业务的价值挖掘很不充分。本书基于作者自身经历，对中小农商银行零售业务的发展，特别是在数字化时代利用金融科技赋能零售业务的具体路径进行了全面、细致而又深入浅出的分析，极具参考价值。

陈国汪：

/ 清华大学长三角研究院产城融合研究中心特约研究员 /

　　科技革命正在深刻改变全球经济、金融和社会发展。面对不可阻挡的历史潮流，农商银行唯有直面困难和挑战，抓住乡村振兴和普惠金融发展的大好机遇，大胆利用金融科技，及时调整商业模式、组织架构和业务流程，勇敢探索数字化转型之路，才能切实承担乡村振兴和普惠金融主力军的历史重任。本书紧紧抓住零售业务升级优化和金融科技赋能这两个重中之重，提出许多基于实践探索的真知灼见，对农商银行转型发展有一定的参考价值，是一本接地气、有见地的好书。

张正平：

/ 北京工商大学经济学院金融系教授、博士生导师 /

　　翻开书稿，细读文字，顿生好感。全书文字看似戏谑，逻辑却环环相扣。不仅对中小农商银行面临的困境和原因有深刻的见解，而且对其业务转型升级也提出了十分明确的观点：就是要转型零售、主做零售、升级零售！全书不仅提出了观点，更用大部分的篇幅阐述了中小农商银行"玩转零售"的路径和配套体制机制，给在迷茫中摸索的中小农商银行提供了可资借鉴的转型升级方案。总之，本书视野开阔，逻辑严密，文字有趣，内容务实，让我印象深刻，推荐业内外人士读一读。

刘小萃：

/ 中华合作时报社编委、《中华合作时报·农村金融》主编 /

　　"疫后时代"的考验异常严峻，中小银行转型升级更为迫切，如何实现"零售转型"是第一道必答题。这里有对于中小银行"零售转型"的深入思考、有严谨科学的制度体系、有务实中肯的理性建议、有实用易学的操作指南、有值得借鉴的实践案例……如果，你对如何成功实现"零售转型"还有不少困惑与迷茫，走进本书，一定可以找到你想要的答案。

史伟公：

/ 中国科技金融促进会数字普惠金融委员会研究院执行院长 /

　　普惠金融是一个体系性课题，科技又赋予其新的内涵和路径选择。承担普惠金融主责的中小农商银行对此的理解与实践，尤其需要重视。本书作者恰恰从这个角度提出了务实可行的解决方案。中国科技金融促进会一直致力于用科技让金融普惠更有效，靶向直击行业痛点，而本书中的实用主义科技做法，具有实际操作意义，故倾力推荐。

吴红军：

/ 农商银行发展联盟秘书长 /

　　本书从中小农商银行可持续经营的视角，提出新时期业务升级和科技创新的理论指引和道路选择，对于当下中小农商银行走出迷茫与困惑，颇有启发和裨益。本书作者既是农商银行的理论研究者，也是业务实践者，同时还是农商银行发展联盟的特邀培训师。他对中小农商银行的观点，不仅独树一帜，而且更接地气，更富挑战性和更深层次的考量。

董希淼：

/ 中国银行业协会行业发展研究委员会原副主任、招联金融首席研究员 /

零售业务是商业银行的"稳定器"，其在经济下行周期的作用尤其显著。对我国超过千家的中小农商银行而言，从偏爱批发业务转向深耕零售业务，定位为社区银行、县域银行，看似降级实为升级，是回归本源、涅槃重生的战略选择。本书有真知灼见，更有切身感悟，值得仔细品读。

蒋涛：

/ 普惠金融开放平台发起人、艾加文化创始人 /

本书是段治龙先生的农商银行"三部曲"（《倔强生长》《大道之行》《玩转零售》）之一，虽他自谦本书为"战术篇"，但实是以道御术之作。在实战案例方法论背后是扎实的文化根基和农商情怀。相较前两部，《玩转零售》更落地，也愈发体现出农商人更自信、更从容的状态，同时从"玩"的角度架构落笔，很棒！一下子牢牢抓住了人心，这也是做零售的本质，如何通过"玩转"来吸引"心流"。这是一本值得反复阅读、能够指导实践的书，相信读者必会有所感悟，并带来蜕变。

顾凌云：

/ 上海冰鉴信息科技有限公司董事长 /

新的时代背景下，如何适应环境变化，找准发展方向，实现转型升级，是中小农商银行高质量发展的一个重要课题。本书既有实践干货，也有中肯建议。特别是作者在数字金融方面肯下功夫，敢于探索。为此，我郑重推荐。相信本书的出版将为行业发展提供学习参考、路线指导，助力中小农商银行正本清源、走出迷途，实现业务升级与科技创新。

王新宇：
/ 浙江邦盛科技有限公司 CEO/

这是一个只争朝夕的创新时代，中小农商银行业务也进入精耕细作模式。业务创新没有成功模式可效仿复制，唯有摸着石头过河；更没有"回头路"可走，唯有锻造内生力、追赶数字化。本书旁征博引，既包含银行体制机制变革方面的思考和探索，又包含业务创新方面的实操与建议，趣味与实用兼具，值得阅读。

耿斌：
/ 天泽融睿科技有限公司董事长 /

天泽科技致力于为小银行提供零售金融综合解决方案，因此，特别关注国内理论界和经营者的成果。作为一个以助力零售银行数字化转型为主要使命的创业者，我对这本书的看法是：少了几分之前此类著作庙堂之高的"书卷气"，多了几分贴近一线工作的"硝烟气"。零售银行业务本就知易行难，需要的正是本书中的"烟火气"！

王艺霖：
/ 北京泰格管理咨询公司董事长 /

作者站在"局中人"的角度，凭借多年的经营和管理经验，运用通俗易懂、幽默风趣的语言，寻找新时期中小农商银行新的发展道路，并在细节中透露出农商人的真性情。书中提出的零售"浮图塔""生活圈银行""智慧信贷工厂"等模式理论，具有行业先进性和实操落地性。因此，本书的建议和做法可参考、可复制、可落地、可执行，可以说，本书是让你一读就上瘾的行业经验交流书。

序 言

　　鸡蛋，从外部打破是食物，从内部突破是生命。我国的农商银行，其实就是这样一只"土鸡蛋"。

　　从本世纪初登上中国的金融舞台以来，农商银行这个群体越来越受到有关部门和老百姓的关注，日益成为银行体系的重要成员之一。截至2019年年末，全国共有4597家银行业金融机构，其中，农商银行1483家，是真正意义上的三分天下有其一。

　　但农商银行这个体系很特别，这是因为具有"四性"特征。首先是地域性。农商银行基本上是以区域为服务半径的银行，主要是在县域，没有全国性总部，各家农商银行各为法人，体系总量大，单体均量小，平均每个农商银行约100亿元的规模。其次是多元性。这源于农商银行漫长而不断变换的发展历程。有省级农商银行，也有地市级的，更多的是县域农商银行。这其中，还有一些特别的情况，如多家整合、一区多机构等。再次是差异性。资产规模最大的农商银行资产已经过万亿元，且在A股、H股上市，而最小的农商银行资产仅仅几十亿元。最后是准政策性。农商银行一方面是党联系群众的金融纽带，以公益性为主；另一方面又是以盈利为取向的商业银行，追求利益最大化。总之，名称雷同，名目繁多。非业内人士，大多数人看得眼花缭乱。

　　同时，农商银行也是比较"弱"的一类银行。一是基础比较弱。农商银行改制时，一些关键性指标满足了监管的要求，但由于历史的原因，还是积淀下不少隐性不良贷款。加之后续发展动力和能力不足，各地农商银行差异性较大。二是法人治理弱。真正意义上的法人治理结构并没有完全建立，高管层以上级党委提名和任命为主，股东大会选举更多是程序性的。而这类小银行需要怎样的法人治理结构，怎样落实法人治理结构，都还在摸索之中，大多存在"形似而神不似"的问题。三是服务客群弱。用业内人的话讲，农商银行服务的客户是大行"剩下"不要的客户。这倒是符合农商银行的定位。但是，怎样既实现普惠目标，又保证自身可持续发展，在义与利之间寻求平衡之术，确实值得好好研究。四是员工素质弱。计划经济时期的"顶班"制度还不同程度存在，裙带关系也很复杂。虽有一些农商银行尝试引进人才，但是由于地处偏远、文化排斥等原因，不容易引进人才，不容易发挥人才价值，也不容易留住人才。五是管理体制"弱"。除了省级整体统筹的统一法人农商银行外，大多数县域农商银行的人事、业务、科技等管理要素不能真正意义上自主，而是依托于省级联社。而省级联社又是一个以行政管理为主、兼顾服务职能的机构，本质上不是经营主体，既听不到"前线炮声"，也没有创新动力。而且，在形式上，省级联社由基层行社入股组建，这也是这一轮省级联社改革的主要原因之一。有人把省级联社比作计划经济最后的一座"堡垒"，虽然有点哗众取宠，但多少有那么点意思。

　　这其中，又以中小农商银行更为"脆弱"。那么，怎么鉴定中小农商银行呢？说实话，目前还没有标准答案。权且通过两个维度来做个框定。

　　第一个维度是地域维度。《中国银监会办公厅关于印发加强农村商业银行三农金融服务机制建设监管指引的通知》（银监办发〔2014〕287

号）将农商银行首次明确分为三类。第一类是县域农商银行，指在县（市、旗）设立的农商银行；第二类是城区农商银行，指在地级市、计划单列市、省会城市和直辖市的一个或几个区设立的农商银行；第三类是大中城市农商银行，指在地级市、计划单列市、省会城市和直辖市实行统一法人的农商银行。这其中，县域和城区农商银行大多属于中小农商银行。

第二个维度是数据维度。中国银行业协会推出过一个商业银行稳健发展能力"陀螺"（GYROSCOPE）评价体系，分别从公司治理能力（Governance，代表字母：G）、收益可持续能力（Yield sustainability，代表字母：Y）、风险管控能力（Risk control，代表字母：R）、运营管理能力（Operational management，代表字母：O）、服务能力（Service quality，代表字母：S）、竞争能力（Competitiveness，代表字母：C）、体系智能化能力（Organizational intellectualization，代表字母：O）、员工知会能力（Personnel competence，代表字母：P）、股本补充能力（Equity funding，代表字母：E）九个维度评价商业银行的稳健发展能力。但符合这个评价体系的中小农商银行很少，人们还是习惯上更多地从资产、存贷款规模等更直接的指标来衡量一家农商银行的实力。以 2018 年末的数据来看，1000 多家农商银行里，总资产在 5000 亿元以上的农商银行有 5 家，规模从高到低依次为重庆农商行、北京农商行、上海农商行、广州农商行、成都农商行；总资产在 1000 亿~5000 亿元的农商银行有 30 家；总资产在 500 亿~1000 亿元的农商行有 23 家；这三部分加起来不过 60 家，占比不到 5%。其余农商银行总资产都在 500 亿元以下，占比达 95% 以上。这 95% 的农商银行可以框定为中小农商银行。

当然，关于这个划分标准是否合适，仁者见仁，智者见智。与其纠结于标准划分，莫不如多考虑这类"小银行"如何发展，这样可能更加实际一些。这也符合中小农商银行传统基因里的务实行事风格。

如何发展？这可能是每一个中小农商银行工作者，特别是决策者当下最挠头的事情。因为以眼下的情势看，发展不发展还是第二位的。第一位的，是如何生存下去。

农信社时期，不用说，主要任务就是支农支小，市场也大致有个框框，基本上属于旱涝保收的状态。后来，在市场乱象的纷扰中，以及基于自身发展壮大的冲动，中小农商银行对这种定位产生质疑，甚至抛弃。先是公司业务大干快上，后是金融市场花样百出，现在又是金融科技高歌猛进。但是，经营和管理却越来越难，收入却越来越少，利润也日渐稀薄，甚至处于或长期处于亏损状态。一些中小农商银行的不良贷款不清猛增，前清后增，越清越增；金融市场业务的"低级错误"一个连着一个，频繁"暴雷"，且茫然无措，逐渐成为"现象级"问题。由此，个别省份的法人机构三分之一以上到了"最危险的时候"。这其中，一贯以指标为标杆、经营为旗帜、改革为先锋的中小农商银行不仅没有给农合机构（农商银行、农村信用社）起到正向作用，反而成为"最坏的榜样"。

是时候静下心来想想了！是什么让中小农商银行遍体鳞伤？是什么让中小农商银行难上加难？又是什么让中小农商银行面临绝路？

是市场吗？是竞争对手吗？是监管环境吗？如果是，那为什么有的机构稳健前行，有的机构却举步维艰。国家整体经济趋缓，但大起大落不在中小农商银行的服务领域。即使在，你也改变不了客观存在。相比于一些区域的激烈竞争，中小农商银行服务范围的竞争，事实上大多数并没有那么糟糕。监管方面，更是不断出台政策，一方面督促回归主业，立足本土；另一方面给予特殊"关照"，频繁发出各种政策"红包"。但是，有多少中小农商银行算清了账，在政策红利和"无谓"努力之间，找到了平衡点？

　　农商银行历史并不长，仅仅十几年。但遍观全国农商银行不难发现，造成今天有喜有忧局面的两条基本规律。一是经济越发达的地区，农商银行普遍经营状况较好，这也契合经济决定金融的规律。前100大农商银行中，江苏、浙江、广东数量最多，占到一半。上市的10家农商银行中，全部处于经济发达或者一二线城市。二是零售业务做得好的，普遍基础扎实，抗风险能力明显，盈利能力也较强。如药都农商银行、乐清农商银行，ROE都在15%以上，这些银行的主业都是零售业务，其他业务全部是副业、补充。

　　地区差异是客观实际，无法改变。但选择哪种业务方向、哪条发展道路，却是主观行为。因此说，造成今天农商银行问题的主要原因，还是在自己。在于自己迷失了方向，丢掉了本业，拿自己的短板和别人的长处去PK。本来是个乒乓球选手，非要去打高尔夫，不烂都难，不飘才怪！如果说大行穿着皮鞋下乡多少有些不接地气，那么，中小农商银行穿着草鞋进城，就更是滑稽了。

　　在这里，要特别强调一下，不是反对中小农商银行的业务创新，更不是反对做公司业务、金融市场业务，反而是赞同业务创新，也赞同这两项业务的拓展。但一定要适度，在资产负债表里要把握好结构，在资金运用上要考虑好短中长期的搭配。一定要在做好零售业务的基础上去做其他业务。事实上，银行经营需要因时、因势地选择盈利方式，但中小农商银行一定要搞明白自己是干什么"吃"的，兜兜里有多少"米"，经得起多大折腾，自己的强项是什么，怎样把强项发挥到淋漓尽致，自己的弱项又是什么，怎样分阶段地逐步弥补短板。切忌怀着赌性思维、侥幸心理，盲目扩张，蒙头瞎干；切忌听信一些"江湖术士"的高谈阔论，见异思迁，舍本逐末。

　　有鉴于此，笔者倍感有必要写作此书，以期助力中小农商银行正本清源，走出迷途。2017年，笔者撰写了《倔强生长》一书，描述了农商银行的草根精神。2019 年撰写了《大道之行》，畅谈了农商银行的道义担当。本书可以说是农商银行"三部曲"的战术篇。

新的时代背景下，中小农商银行这只"土鸡蛋"如何不是被从外部打破，被兼并，而是从内部突破，孕育出新的生命，实现再次腾飞？本书提出了中小农商银行业务升级就是要转型零售、主做零售、升级零售的观点，路径就是要锻造内生力、追赶数字化，并分别针对战略定力管理、体制机制建设、渠道建设、客户管理、能力提升、产品创新、生活圈打造、科技创新等多个板块进行详细论述，希望每一位关注和从事中小农商银行事业的人，尤其是高层决策者、零售业务实操者，能够从中获益。哪怕，只有一点点。

对于中小农商银行零售业务，笔者的观点是：要抱着"玩"的态度去"转"型零售。是发自内心的认可和喜欢，不是外在压力使然；是真心"转"，不是装样子；是大家一起"转"，不是一个部门或者一个条线"转"；是从道和术的层面同步"转"，不是仅仅停留在表面上；是与时俱进，新老打法并用，不是故步自封，走"回头路"。表述的方式，笔者采用的是具有中小农商银行特色的唠嗑、聊天的方式，希望别把学术搞得那么"一本正经"，不接地气。

前言至此，夜已深，仰望窗外漫天的繁星，似有所悟。这个世界的美，既需要阳光普照，万物生长，也需要月光皎洁，星光灿烂。中小农商银行难道不就是中国金融天幕上的繁星点点嘛！

段治龙
2020 年 7 月

CONTENTS
目　录

1

01.

第一章
小银行也可以有春天 □

　　中小农商银行与各类商业银行都是银行，与大型农商银行同称农商银行，但本质上是不同的"物种"。如果真的按照商业银行的逻辑去经营和管理中小农商银行，可能会处处碰壁，碰的满鼻子灰。这和一个高明的企业家未必能够种好庄稼地是一个道理。"麻雀虽小，五脏俱全。"中小农商银行作为独立的法人，有其独特的历史、地理、文化、禀赋、业态等特征，其经营和管理难度甚至要高过其他商业银行，其对经营者的考验，也不仅仅是智商、情商、逆商（面对逆境时的反应方式）那么简单。当下，中小农商银行这个群体的经营，总体呈现出有喜有忧的局面。改变这种局面，一方面要改善外部管理体制环境，另一方面要校正自身发展方式。如此，中小农商银行就能像野百合一样，张扬倔强生长的韧性、展现铿锵绽放的坚毅，风吹雨打后，一样可以有春天。

RETAIL BANKING

第一节
几多欢喜几多愁

- - - - - - - - - - - - - - - - - - -

从 2001 年国内首家农商银行——张家港市农村商业银行正式挂牌成立到目前，我国的农商银行已经走过了将近 20 年的历程。前十年的主题词是摸索。后十年，则是加速。农商银行整体呈现出以下几个特点。

◎ **机构数量众多。** 根据中国银保监会的数据，截至 2019 年年末，全国农商银行共计 1483 家，数量上仅次于村镇银行。而截至 2017 年 9 月，全国共组建村镇银行 1567 家，其中，由农商银行发起成立的村镇银行 748 家，占比为 47.7%。合并概算，农商银行系的银行机构是我国银行业机构中数量最多的，没有之一。

◎ **规模不断壮大。** 根据中国银保监会的数据，从 2016 年到 2018 年，全国农商银行的总资产、总负债均呈现逐年上涨的态势，见表 1-1 和表 1-2。这里面，固然有农商银行数量增加的因素，但更多地还是新机制带来的新变化。同时，可以看出，总资产年均增长额约 3 万亿元，约等于城市商业银行总资产年均增长额；负债年均增长额约 2 万亿元，约等于股份制商业银行负债年均增长额。这两项主要指标总量增长额基本向股份制商业银行、城市商业银行看齐。

表 1-1   2016—2018 年我国部分银行机构总资产情况统计表   单位：万亿元

年份	大型商业银行	股份制商业银行	城市商业银行	农村商业银行
2016	86.6	43.5	28.2	20.3
2017	92.8	45.0	31.7	23.7
2018	98.4	47.0	34.3	26.2

资料来源：中国银行业协会农村合作金融工作委员会. 全国农村商业银行行业发展报告（2019）[M]. 北京：中国金融出版社，2019.

表 1-2   2016—2018 年我国部分银行机构总负债情况统计表   单位：万亿元

年份	大型商业银行	股份制商业银行	城市商业银行	农村商业银行
2016	79.9	40.8	26.4	18.7
2017	85.6	41.9	29.5	21.9
2018	90.4	43.6	31.8	24.1

资料来源：中国银行业协会农村合作金融工作委员会. 全国农村商业银行行业发展报告（2019）[M]. 北京：中国金融出版社，2019.

○ **服务下沉最深。** 截至 2018 年年末，农商银行机构网点数达 5.8 万余个，从业人员 64.5 万人，肩负了全国 98.4% 和 67.7% 的金融服务空白乡镇的机构覆盖和服务覆盖任务。同时，具有网点基础服务功能的农商银行便利店、金融驿站等延伸服务触角开始向偏远中心村推进，打通了农村金融服务"最后一公里"。全国农商银行涉农贷款余额 7.4 万亿元，同比增长 15.63%，占农合机构涉农贷款的 77%，占全国银行业金融机构涉农贷款的 22.42%；其中，发放的农户贷款占全国的 78%，并全面承担种粮直补、农资综合补贴等面向广大农户的国家政策补助资金的发放工作，是我国农村地区机构网点分布最广、支农服务功能发挥最充分的银行业金融机构。同时，小微贷款余额 6.9 万亿元，同比增长 15%，占农合机构小微贷款的 81.18%，占全国银行业金融机构小微贷款的 20.59%。

◎ **风险逐步抬头**。从图 1-1 可以看出，农商银行不良贷款近年来总体呈现曲折上扬的趋势。2019 年 6 月，农商银行整体不良贷款率为 3.95%，远远高于城市商业银行的 2.30%、股份制商业银行的 1.67%。同时，拨备覆盖率仅为 131.52%，低于所有商业银行类型。更要命的是，农商银行的平均净息差为 3.02%，虽然能够一定程度上抵消资产质量恶化带来的冲击，但也将优质客群挡在门外。不良贷款率高于净息差，从一个侧面可以说明，随着时间的推移，农商银行不是发展得快不快的问题，而是"死"得慢不慢的问题。而这一切的背后，还有一个更大的"黑洞"：隐性不良，即没有充分暴露、没有"回表"的不良。

图 1-1　2009—2018 年农商银行不良贷款情况

（资料来源：中国银行业协会农村合作金融工作委员会 . 全国农村商业银行行业发展报告（2019）[M]. 北京：中国金融出版社，2019）

◎ **分化渐次明显**。从图 1-2 可以直观地看出，农商银行体系呈现出三个明显特点：一是地区经济发展越好，农商银行发展越好；二是区域机构整合，有利于农商银行做大；三是头部机构突出，体系分化明显。农商银行做得好的，要么地理位置优越，要么进行了区域整合。

既然"出生"无法改变，区域整合很可能是农商银行改革和发展的一个方向。

5000亿元以上（5家）

机构：重庆、北京、上海、广州、成都农商银行
特征：一二线城区、直辖市或者省会城市整合

2000亿~5000亿元（8家）

机构：东莞、江南（常州）、深圳、顺德、青岛、武汉、杭州联合农商银行
特征：经济发达地区、区域整合银行

1000亿~2000亿元（22家）

机构：秦农（西安）、紫金（南京）、南海（佛山）、常熟、九台（长春）、天津滨海、萧山、无锡、辽阳、宁波鄞州、厦门、长沙、海口、苏州、江阴、张家港、中山、绍兴瑞丰、大连、延边、杭州余杭、昆山
特征：沿海城市、经济发达地区、区域整合银行

500亿~1000亿元（23家）
500亿元以下（约1400家）

机构：略
特征：内陆地区、县域机构

图1-2　农商银行体系资产分层分化情况

总体来看，农商银行体系的发展有喜有忧，一方面，新机制激发新动力，综合实力不断加强；另一方面，与改制之初的指标相比，风险有所抬头。尤其是在经济环境、客群变迁、互联网金融等因素的综合冲击下，农商银行特别是中小农商银行的改革和发展，既需要从政策层面做大的方向统筹，也需要自身加强"造血"能力。

第二节

二次改革

在这种背景下，国家、地方政府、监管部门和农商银行自身，都在寻求中小农商银行改革和发展的最优解。但农商银行体系繁杂，各地情况迥异，"一把尺子量到底"，是一项不可能完成的任务。笔者给出的建议是，农商银行内部，要以零售转型为主抓手，提升高质量发展的能力，这是农商银行自身可以做到的，也是本书的重点，容后详述。本章重点阐述外部政策层面，这决定着中小农商银行一半的命运。

笔者的建议是，以区域整合为切入口，推进农商银行二次改革，焕发农商银行"第二春"。关于这个观点，可能当下未必一定能够实现。但笔者做过理论模型推理，详见图 1-3，坚信这是一条必由之路、一种必然趋势。

通过推理图可以看出，省级联社履行农信社 / 农商银行风险管理职责，主要的任务是化解区域性金融风险，而化解区域性金融风险的重点是处置高风险机构的风险。这就要关联农商银行的外部条件——省级联社改革和农商银行自身法人治理两个关键要素，而实现这两点关联的共同切入口，就是区域整合。

根据麦肯锡《中国 TOP 40 家银行价值创造排行榜（2018）》预测，未来三年或者五年，银行业会面临两个重大趋势：一是分化更大，

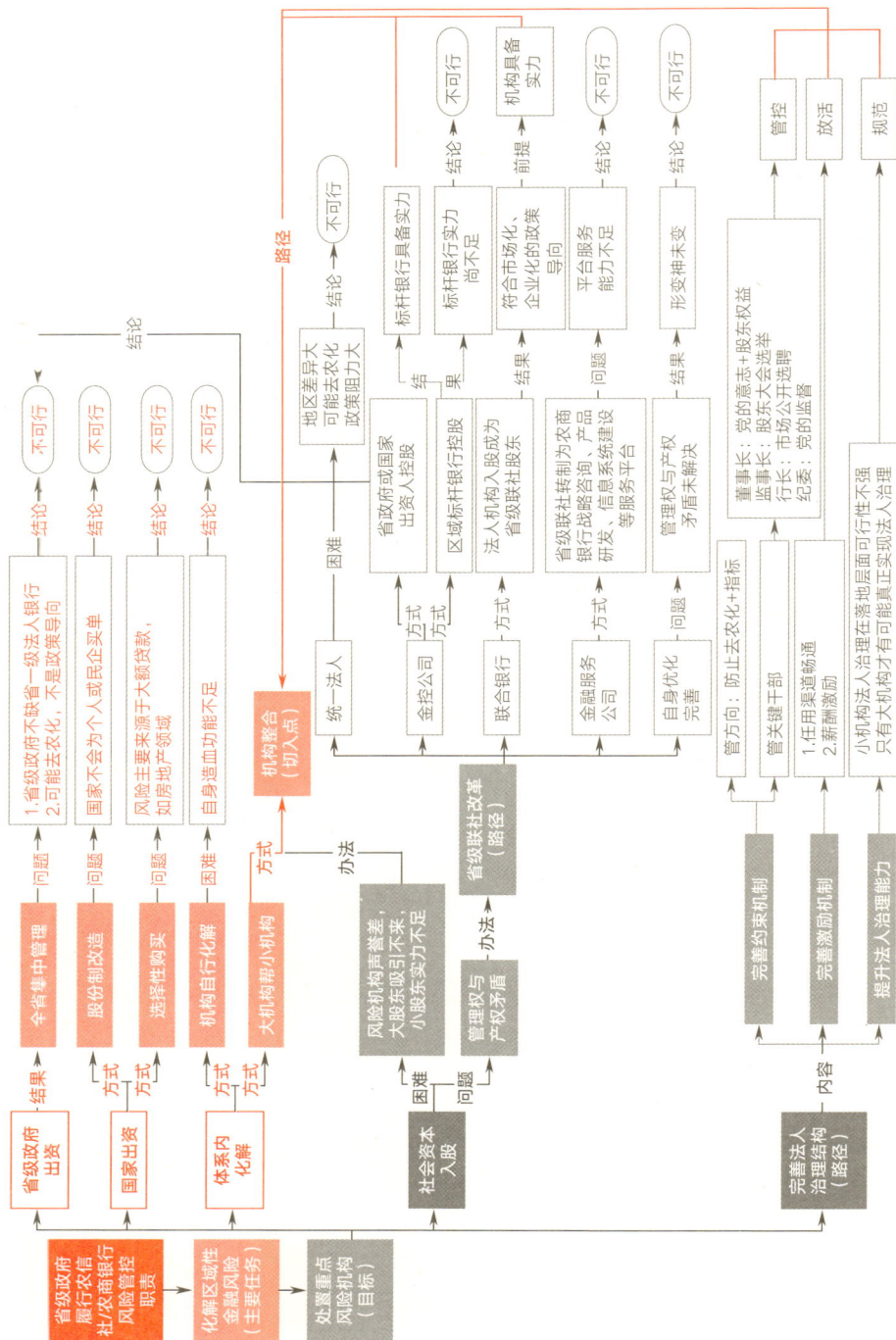

图1-3 农商银行区域整合理论推理图

省级政府履行农/农商银行风险管控职责

化解区域性金融风险（主要任务）

处置重点风险机构（目标）

社会资本入股

风险机构声誉差，大股东吸引不来，小股东实力不足

管理权与产权矛盾

完善法人治理结构（路径）

省级联社改革（路径）

机构整合（切入点）

大机构帮小机构

省级政府出资 → 全省集中管理 → 1.省级政府不缺乏一级法人银行 2.可能去农化，不是政策导向 → 不可行

国家出资 → 股份制改造 → 国家不会为个人或民营企业买单 → 不可行

体系内化解 → 选择性购买 → 风险主要源于大额贷款，如房地产领域 → 不可行

→ 机构自行化解 → 自身造血功能不足 → 不可行

统一法人

省政府或国家出资入股

金控公司

联合银行 → 区域标杆银行控股 → 法人机构入股成为省级联社股东

金融服务公司 → 省级联社转制为农商银行战略咨询、产品研发、信息系统建设等服务平台 → 平台服务能力不足

自身优化完善 → 管理权与产权矛盾未解决 → 形变神未变

地区差异导大 → 可能去农化 政策阻力大 → 不可行

标杆银行具备实力 → 机构具备实力

标杆银行实力尚不足 → 不可行

符合市场化、企业化的政策导向 → 不可行

完善约束机制 → 管方向：防止去农化+指标

完善激励机制 → 管关键干部 / 1.任用渠道畅通 2.薪酬激励

提升法人治理能力 → 小机构法人治理在落地层面可行性不强 只有大机构才有可能真正实现法人治理

董事长：党的意志+股东权益
监事长：股东大会选举 市场公开选聘
纪委：党的监督

管控 / 放活 / 规范

好的银行会更好，差的银行会很差；二是中国银行业很可能会存在重大的并购机会，尤其是大量农商银行和城市商业银行将被并购。其随后发布的《中国银行业 CEO 季刊》指出：2020 年将是好银行和坏银行的分水岭，2025 年银行业中将出现大规模的并购机会。这两份报告是基于西方市场经济理论的学术研究，有一定科学性、前瞻性。但回到中国国情实际，可能更多地还是要考虑现实的可行性和各方利益的平衡，区域整合是更具可能性的选择。

◎ **政治遗产。** 从国家政策导向看，希望维持目前管理体制，省级政府承担农商银行风险主责，但要求省级联社去行政、强服务。从地方政府角度看，从来没有放弃过省级联社统一改制为省级农商银行的努力。但国家始终没有开这个"口子"，省级农商银行"牌照"只给到直辖市，以及个别地域集中、经济协同的省份。原因就在于"立足县域"这个大原则。历史渊源则是 2000 年朱镕基总理主持农信社改革时留下的"政治遗产"，概括起来是"两个 3 点"："基层社 3 点""省联社 3 点"。"基层社 3 点"是指，"一级法人"设在县上，为"三农"服务，为当地的县域经济服务；市场化，将来出了问题，国家不兜底；人民银行要发挥更大更有力的监管作用。"省联社 3 点"是指，以后不搞省联社，过渡一下可以；农村信用社绝不搞"全国一统"，中国不缺大银行；也不搞"省一统"，那样，当地农村的钱又被抽走了，又抽到上面去了。

◎ **遗留"尾巴"。** 通过图 1-4，遍观历次农信社、农商银行的改革，都遵循着这样一个方向性规律：管理权逐步上移，产权逐步市场化。

上一轮改革，基本上是成功的，但留下个"尾巴"，就是省级联社管理体制改革不彻底。省级联社履行管理、指导、协调、服务四项职能，在实际运行中，行政化管理偏重，实现了"管得住"，同时也导致了"管得死"。中小农商银行最大的优势在于灵活，而这点恰恰没有做到。原因在于行政化的优势在于掌控，市场化的优势在于效率。而农商银行是一个经营单位，市场化诉求重于行政化管理需要。

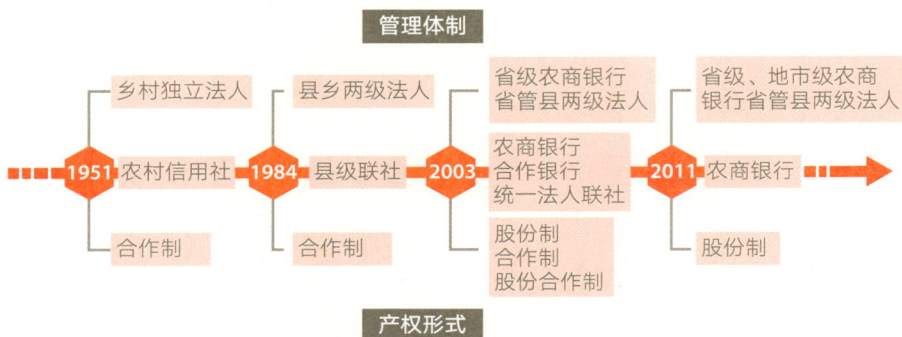

图1-4　农商银行历次改革演进图

关于省级联社改革，政策层面给出五种主要模式供各省选择，见表1-3。五种模式各有适用范围和优劣势，但方向是一致的，那就是市场化、企业化。

从目前各省的实际看，大致有个规律可循，就是越发达的地区，省级联社越倾向于服务，而越落后的地区，省级联社越倾向于"控制"。因此，在模式选择上必然呈现出不同的导向，这既符合国家因地制宜的政策导向，也符合各省的实际情况。

在这一过程中，有两个关键点。第一个是省级联社成立的初衷：风险管控。因此，省级联社本质上是资产管理公司。第二个也是中小农商银行的一个共同的痛点，就是科技短板。

一次疫情，差点瘫痪，就是明显的例证。大多省级联社内部的核心业务系统、客户管理系统等系统分属于不同管理部门，部门之间沟通又有瓶颈，农商银行诉求触达更加困难。因此，有必要在信息化建设方面进行专项加强。可以将省级联社所有的信息化已建、在建的项目统一归集，单独组建金融科技公司，按照市场化、企业化的方向，由农商银行入股，按业务办理情况收费。具备条件的，还可以承揽外部业务。

表1-3　　　　　　　　　**省级联社改革主要模式对比**

模式	适用范围	优势	劣势
统一法人（省级农商银行）	1.地域面积集中；2.经济发展水平领先且均衡，目前主要是4个直辖市	1.效果最好，便于管理；2.管理体制一步到位；3.有利于做大做强	1.区域地理和经济要求较高，适用范围不广；2.大机构需要大股东，可能导致去农化；3.政策阻力大
金控公司（省级政府出资或者依托法人机构控股）	1.省级政府资金相对富余；2.有足够实力、影响力突出的依托法人机构，目前主要是宁夏、陕西	1.变行政管理为股权管理，体制顺畅；2.机构协同，规模能力增强；3.兼顾立足县域的政策导向	1.对省级政府入股资金要求较高；2.需要有足够统筹力的法人机构
联合银行（法人机构从下向上入股，成为省级联社股东，对于董事会，基层机构有参与权）	1.经济欠发达地区，或者省级财政不足，抑或是没有支柱法人机构；2.省级联社改革阻力较大的地区	1.由目前的理事参与方式转变为董事参与方式，参与和决策权力有所提升；2.顺应国家倡导的省级联社市场化、企业化方向	1.做到了形似，离神似还有距离，需要强有力的政策保障；2.这是改良方案，非真正意义上的改革，可能未来还需要进一步改革
金融服务公司（省级联社转制为农商银行战略咨询、产品研发、信息系统建设等服务供应平台）	1.市场化程度较高的地区；2.省级政府对省级联社改革决心足够大，且有相关举措确保改革后能够掌控法人机构	1.真正实现"省级联社强化服务职能、弱化行政功能"的国家政策导向；2.可以最大限度地发挥法人机构的市场主体作用；3.金融服务公司更加专注，激发创新活力	1.金融服务公司与法人机构成为平等的市场主体，金融服务公司掌控力不足，需要一定政策配套；2.若金融服务公司能力不足，可能被淘汰
完善省级联社（局部调整省级联社职能，列出权力清单和服务项目，分别设立评价机制）	1.经济欠发达地区；2.省级联社深度改革阻力较大的地区；3.区域内法人机构整合条件不具备的地区	1.改革阻力相对较小；2.进展速度可以很快	1.改革不彻底，可能需要进一步改革；2.后续机制执行和监督较为困难，容易回到目前状况

据此分析，理论上省级联社分拆为资产管理公司和金融科技公司，也未尝不可。资产管理公司履行省级政府对农信社／农商银行的风险管理主责，金融科技公司履行服务主责，中小农商银行作为市场主体独立运行。

◎ **区域整合**。从实际情况来看，可能更多省级政府会倾向于金控模式。这一模式最靠近统一法人模式，掌控力相对较强，但需要一个切入口，就是区域整合。因为大多省级政府没有实力，也不可能"洒水般"地入股每一个法人机构，最好的方式是控股大的，间接控制小的。联合银行、服务公司两种模式，就更需要区域整合的支撑了，没有有实力的区域农商银行作为支撑，这两种模式不具备可行性。农商银行的二次改革，核心也是区域整合。这需要三个基本支撑点。一是农商银行是改革的主体、主力、主角，各级政府及省级联社应当是主推、助力、导演的角色。二是商业可持续是改革的前提。三是市场化是改革的基本逻辑。

区域整合要遵循三个原则来推动。第一个原则是区域性集中度较强的，或者区域内机构少的，集中为一个牵头机构；第二个原则是地域相近、经济协同、文化相承的原则；第三个原则是参考当地人口、经济规模等因素。根据这些原则，农商银行可以实现"根据地"连片，实力更加壮大的局面。

这样，省级联社既能够管得过来，农商银行也有能力发展，法人治理结构也能真正发挥作用，高风险法人行社也能够有效化解风险，并保留法人地位，兼顾立足县域的原则。

◎ **法人治理**。新组建的区域法人机构，规模扩大了，在引入投资者、对接政府资源等方面有了更大的空间，法人治理会更加规范，经营能力也得以加强。被兼并重组的机构不需要在法人治理、科技建设等方面做无畏且得不偿失的努力，只需要"干就完了"。一些战略性、通用性的小机构做不了、做不好的事情，将由有能力的区域机构统一规范地做。

同时，区域机构的法人治理要按照激励与约束的原则来统筹。

激励要重点从三个方面安排。一是贯彻国家和地方金融政策导向情况，根据支农支小和经营实际，评价区域机构领导班子和主要负责人的任免情况；二是畅通区域机构与省级机构、地方政府的干部交流机制，区域机构主要负责人可以提拔或者交流到省级机构和地方政府任职；三是根据经营状况给予区域银行领导班子合理绩效激励，给予员工合理报酬，给予股东合理分红。

约束也要重点从三个方面安排。一是约束股权，从源头上管理所有者权利。二是约束主要干部，区域银行的党委书记、纪委书记由省级机构党委任命，党委组成人员可由所在机构党组织民主产生，行长要面向市场公开选聘，因为要"扛指标"；经营班子成员可由区域银行内部选拔，便于人才梯队建设，也可以面向社会选聘；监事长则应由股东大会选举产生，维护股东利益。三是约束经营导向，根据当地实际和监管政策，因地制宜地确定约束和考核指标，保证区域银行在做大的同时，不能去农化。

○ **政策支持。**农信社/农商银行的经营范围主要在当地，不良贷款的主体也在当地。换句话说，就是农商银行的不良贷款是因为服务当地经济社会发展和农民、小微企业等群体而产生的。因此，当地政府要承担部分化解金融风险的职责。同时，对区域银行的考核，要给地方政府一定的权力，形成省级金融管理部门、省级机构、地方政府三方面约束区域银行的机制，交换地方配套政策支持区域银行改革和发展。

地方政策的支持，包括但不限于以下几种方式。一是地方财政入股区域银行；二是地方国有企业入股区域银行；三是给予区域银行一定年限、一定范围的税费优惠或者减免；四是以土地置换等方式，给予区域银行直接支持；五是协助区域银行在当地数据打通、财政存款存入、工资代发开办、不良贷款催收等方面的政策倾斜。

最后一条在中小农商银行经营层面意义重大，不仅影响中小农商银行自身发展，也关乎国家金融政策在地方的落实情况。当下，造成普惠金融客群融资难、融资贵、融资慢的原因有很多，破解的方案也不少，但笔者认为最直接、最有效的有两招。一是财政性存款存入的问题，应取消当下针对中小农商银行的歧视性政策。中小农商银行立足当地服务几十年，服务不同年代不同类型的客户不计其数，为地方经济发展作出很大贡献。地方政府要算清楚这本账，不能因为一点眼前利益，就把财政性存款业务给到对地方经济发展贡献相对较低、偏重商业利益的机构。二是地方数据的开放问题。这对于当下中小农商银行的金融服务同样影响巨大。有了低成本的财政性存款，成本降下来，中小农商银行才能够将贷款利率降下来。有了可靠的数据，中小农商银行才能扩大服务范围，降低风险成本，并做深做透当地客群。这虽然是间接方式，却是关键举措。否则，国家一个劲儿地让中小农商银行"让利"，可能只是杯水车薪。

以上是笔者从中小农商银行经营与管理的实际出发，提出的一家之言，观点难免有局限性。关于省级联社及法人机构改革，情况各异，观点纷争，无法统一定论。若某个点可以给人启示，甚至为人所用，则不枉笔者一番思量。若是不符合实际、不合时宜，权当切磋，一笑而过即可。

第三节
弯道还是弯路

上一节的改革建议，更多是外部的，中小农商银行可以参与，但难以改变。从本节开始，我们一起研讨中小农商银行自己能做得了、做得好的，可以改变的。

◎ **农商银行"乱象"。**银行的业务，概括起来讲，其实就三类。一是零售业务，就是银行给个人和小微企业服务的业务；二是公司业务，就是银行给中大型企业提供服务的业务；三是金融市场业务，就是银行与银行之间开展的业务。招商银行原行长马蔚华曾经说过一句业内比较知名的话，"不做公司业务，今天没饭吃；不做零售业务，明天没饭吃。"由此可见，从银行家的角度看，零售业务是做未来的事情，长远的打算。由此，在任期制等因素的作用下，大多银行家都选择了公司业务这一立竿见影的业务领域。一方面打着"今天吃饭"的旗帜；另一方面也希望弯道超车，大干快上，鲜有潜心零售业务者。所谓功成不必在我，是一句口号，真正落地者并不多。

中小农商银行的情况更要特殊一点，主要原因有两点，一是"人小个子矮"，哪个方面都惹不起。中小农商银行作为地方银行，受地方政府、公检法司、新闻舆论等方面的管束较多，无论哪方面推荐过来的公司业务，都不能不给面子。别的银行可以往上"推"，唯独中小农商银行没"推头"。二是专业能力不足，却又"无知者无畏"。公司业务来钱快，但风险也大，专业能力要求高，中小农商银行这方面普遍没有专业储备。但在业绩考核的驱使下，公司业务的立竿见影特征被发挥到了极致，存款、贷款、票据，甚至保函等业务，轮番上阵。行里行外，你好我好，形势一片大好。此轮监管过后，一片大好形势，落得一地鸡毛，成为不良贷款风险的主要源头。

如果说公司业务还是吃存贷利差，怎么也还算是传统业务。那么，金融市场业务这一新型业务，对中小农商银行的挑战就更大了。本来，金融市场业务的核心作用是帮助银行间互相补充流动性，但却被异化为一种套利的"本领"。在各种学说的鼓吹下和巨大利益的诱惑下，希冀做大做强的中小农商银行们，一手负债，一手资产，赚取利差，美其名曰：高举高打。各种"快速上量""迅速致富"的神话不断被创造，从表内到表外，再到表表外，花样百出，"创新"不断。中小农商银行就好比一个刚从田地里干活回来的老农，换上西装，张口就是趋势，伸手就要套利。在这种虚妄且狂躁的情绪下，哪还有心思做本分营生。

现在回过头来说，在这一轮中小农商银行"大跃进"式的发展中，没有哪一家能够靠公司业务（政府平台除外）和金融市场业务真正撑起一片天的，充其量也就是解决了一下"吃饭"问题。没有出现风险，属于万幸；出现风险，也不足为奇。

零售业务本来是中小农商银行的传家本领，结果就这样被一点点地束之高阁了。从"两个不低于"（小企业信贷投放增速不低于全部贷款增速，增量不低于上年）到"三个不低于"（涉农贷款增量不低于上年，涉农贷款增速不低于各项贷款增速，涉农贷款占比不低于上年），再到"两增两控"（单户授信总额1000万元及以下小微企业贷款同比增速不低于各项贷款同比增速，贷款户数不低于上年同期水平，合理控制小微企业贷款资产质量水平和贷款综合成本），国家政策的苦口婆心，被"淘气"的中小农商银行们"演化"成了各类报表的辗转腾挪。对于这些小动作，监管方面是非常清楚的。一开始是给你自己改过的机会，但是没有看到实质性的改变。

◎ **监管新政。** 2019 年，监管部门终于"祭"出了雷霆手段，中国银保监会发布《关于推进农村商业银行坚守定位强化治理提升金融服务能力的意见》，明确县域及城区农商银行应严格审慎开展综合化和跨区域经营，原则上机构不出县（区）、业务不跨县（区），并附带《农村商业银行经营定位与金融服务能力考核指标表》（见表 1–4），提出 4 大类 15 项指标进行监测和考核。这份文件是未来数年中小农商银行经营和发展的政策总遵循。

这些指标，概括起来就是两句话：聚焦本地化、回归表内化。如果你抱怨监管，那就和一个犯错的孩子抱怨父母没什么两样。江湖险恶，孩子莫淘。监管的这些举措，实质上是在你错误的不归路上挽回你。

表 1–4　　农村商业银行经营定位与金融服务能力考核指标

序号	分类	指标名称	公式	目标值	备注
1	经营定位	各项贷款占比	各项贷款期末余额 / 表内总资产期末余额	≥ 50%	—
2		新增可贷资金用于当地比例	年度新增当地贷款 / 年度新增可贷资金	≥ 70%	对县域农商行，"当地"指该行所在的县（市、旗）；对城区农商银行，"当地"指该行所在的一个或几个市辖区。若年度可贷资金减少，则贷款余额应保持增加

续表

序号	分类	指标名称	公式	目标值	备注
3	经营定位	涉农及小微企业贷款占比	（涉农贷款期末余额＋小微企业贷款期末余额－涉农贷款与小微企业贷款重复部分）/各项贷款期末余额	逐年上升直至超过80%	—
4		大额贷款占比	大额贷款期末余额/各项贷款期末余额	逐年下降直至低于30%	大额贷款指单笔贷款超过（含）一级资本净额2.5%或5000万元人民币（孰低）的贷款
5		涉农与小微企业贷款增速	（涉农贷款与小微企业贷款扣除重复部分的期末余额－涉农贷款与小微企业贷款扣除重复部分的期初余额）/涉农贷款与小微企业贷款扣除重复部分的期初余额	≥各项贷款增速	涉农及小微企业贷款占比超过80%的，可替换为"涉农与小微企业贷款余额持续增长"
6	金融供给	普惠型农户贷款和普惠型小微企业贷款（扣除重复部分）增速	（单户授信在500万元以下的农户贷款与单户授信1000万元以下小微企业贷款扣除重复部分的期末余额－单户授信在500万元以下的农户贷款与单户授信1000万元以下小微企业贷款扣除重复部分的期初余额）/单户授信在500万元以下的农户贷款与单户授信1000万元以下小微企业贷款扣除重复部分的期初余额	≥各项贷款增速	单户授信在500万元以下的农户贷款、单户授信1000万元以下小微企业贷款以及重复部分的计算口径参考银保监会非现场监管报表S71
7		农户授信覆盖面	授信农户户数期末余额/当地农户总户数期末余额	原则上逐年上升	—
8		小微企业授信覆盖面	授信小微企业户数期末余额/当地小微企业总户数期末余额	原则上逐年上升	—

续表

序号	分类	指标名称	公式	目标值	备注
9	金融供给	农户与小微企业用信覆盖面	农户和小微企业的用信(贷款)户数/农户和小微企业的授信户数	原则上逐年上升	—
10	金融基础设施	农户建档评级覆盖面	建档评级的农户户数期末余额/当地所有农户户数期末余额	原则上逐年上升	—
11		小微企业建档评级覆盖面	建档评级的小微企业户数期末余额/当地所有小微企业户数期末余额	原则上逐年上升	—
12		电子交易替代率	主要电子交易笔数/(主要电子交易笔数+柜面交易笔数+其他交易笔数)	逐年上升	—
13	金融服务机制	涉农贷款不良率容忍度	涉农不良贷款余额/涉农贷款余额	≤当地银行业金融机构各项贷款不良率以上3个百分点与5%的孰高值	—
14		小微企业贷款不良率容忍度	小微企业不良贷款余额/小微企业贷款余额	≤自身各项贷款不良率之上3个百分点	—
15		支农支小业务绩效考核倾斜度	支农支小贷款业务绩效考核指标权重	>其他业务绩效考核指标权重	—

注：相关指标的目标值应根据银保监会和其他部门有关规定同步进行调整。

○ **乡村社区银行**。中小农商银行的业务还是要"做实不做虚""做小不做大""做土不做洋"，县域农商银行自不必说，即使是城镇化程度较高的城区型农商银行，也要坚持这个大原则。进城不代表必须做对公业务和金融市场业务，进城也要继续做"小散弱"，为社区、个人、小微企业提供金融服务。中小农商银行的定位要由过去的"金融支农主力军"转变为乡村社区银行。因此建议更多的中小农商银行走专业零售银行的路子。

道路千万条，安全就一条。中小农商银行绝不能丢弃本业，弃小逐大，定位不允许，你自身也没那个本事。金融市场的行情分析你能做得了吗，你有多少专业人员做呢？就凭个别领导的粗放式感觉靠谱吗？公司业务的专业度具备吗，能驾控吗？集中度带来的风险你能 HOLD 住吗？与大行相比，你的优势又在哪里？这些基本的逻辑，大家都要想清楚啊，否则，那都是要用真金白银和铁窗生涯来补偿的呀！

总之，中小农商银行要根据时代和监管的变化，抛弃"弯道超车"的幻想，"超"不好就是"弯道翻车"。还是要本本分分做自己的主业，政治正确、业务熟练、安全可靠、又红又专。理想可以丰满，现实要一点一点来。这不是纸上谈兵，是忠言相告。

RETAIL
BANKING

第四节
零售鼻祖

————————————

　　"爸，妈，我跳了，别给我收尸，太丢人。爸，妈，来世做牛做马报答你们。"这是 2016 年 3 月大学生小郑（化名）发给父母的最后一条短信。在发完这条短信后，他跳楼结束了自己的生命。由于迷上了网络赌球，小郑先后通过某借贷平台共计借款 6 万元钱。这笔钱利滚利，慢慢地小郑就无力还款了。虽然借贷平台宣传贷款"无利息"，但其实他们巧立名目，偷换概念，将利息换成了所谓的手续费、违约金、迟延履约金、保证金等，这些费用加在一起，高出国家规定的银行同期利率的 10 倍、20 倍甚至更多。走投无路之下，小郑偷偷用同学的身份信息去贷款还债。他先后用 28 名同学的身份证借钱。然而，这并没有缓解小郑的还贷压力。同学陆续收到催款电话，直到这时，他们才知道自己的身份信息被小郑用来贷款。最终，欠款像滚雪球一样越滚越大，变成了 60 多万元。小郑不仅要偿还巨额贷款，还面临着来自家庭和同学的压力。重压之下，他最终以自杀来逃避。

　　这是我从网上看到并直接引用下来的一个案例，这是一个活生生的非法校园贷引发的惨案。可怕的是，这不是个案，是一种现象。根据中国人民大学信用管理研究中心的统计，大学生中有 8.77% 通过贷款获得资金，这其中又有将近一半是通过网络贷款而获得。校园贷的本质是高利贷，甚至是超高利贷。这就不由得让人联想起了新中国成立前白毛女的故事。

高利贷在任何时候都是催命符。实际上，新中国刚成立的时候，这种现象在农村还是广泛存在的。由此，国家从 1951 年开始，在全国范围内发动群众，倡导信用互助合作，诞生了农村信用合作社。这就是农商银行的源头。

关于这段历史，可以参考笔者的另一部著作《大道之行（háng）》。这里，重点想说的是，回望农商银行的来时路，起点在于解决农村高利贷，或者说是初心所在。因为这种基因，无论后来农信社如何变迁，国家政策几多变化，机构名称怎么叫，这类机构的定位和政策导向始终没有离开农村，没有离开服务最弱势群体的定位。即使到目前，也没改变这个大逻辑、总基调。

在我国的银行业，招商银行被称为"零售之王"。在笔者看来，农商银行不仅是零售鼻祖，而且是真正意义上的"零售之王"。

◯ **历史贡献角度。** 从农村信用社时期开始，农商银行就是给老百姓特别是农民服务的。改革开放年代，又增加了个体工商户、乡镇企业这些群体。改制为农商银行后，城区、城郊型农商银行服务对象增加了城区居民和小微企业。可以看出，农商银行是天然的零售银行，这种基因深入骨髓、融入血脉。农商银行几乎与共和国同龄，走过了将近 70 年的历程。而招商银行的成立时间是 1987 年，走过了不到农商银行一半的历程；零售转型则是从 2005 年开始的，满打满算也就 15 年。这其中，对国家和老百姓的贡献，怎么能同日而语。

◯ **服务客户角度。** 公开资料显示，招商银行实现"三亿齐飞"：零售客户数、两大 APP 用户数、个人储蓄账户数均已经过亿。反观农商银行体系，服务着 9 亿农民，还不算其他客群。而且大多是面对面服务，虽没有招商银行之快速体验，却多了人情温暖。

　　当然，农商银行是从一个体系的维度来看的，而招商银行是从一个法人机构来看的，本身对比维度不同。但要说明的是，农商银行的零售业务，既是传家绝活，也是看家本领。同时，也要与时俱进，向招商银行学习零售转型经验，在零售业务板块真正确立自己的优势，以此带动其他业务板块全面开花。绝不能本末倒置，不能丢了西瓜捡芝麻，"砖家们"的"三驾马车、并驾齐驱"之类的口号，听听可以，千万不要全信，更不能当真。

RETAIL
BANKING

第五节
时代风口

当时间的指针指向本世纪第二个十年，世情国情发生了颠覆性变化。银行本质上是一种衍生服务，受经济、社会等因素影响巨大，除个别基础牢靠、思维前沿、领导卓著的个例外，大部分银行都是随波浮沉，中小农商银行更是如此。但这是个"最好的时代"，也是"最坏的时代"，挑战和机遇同在。中小农商银行唯有因势利导，顺应潮流，才能够生存下来。同时，要摒弃什么都想干，什么也干不好的做法，找准自己的优势项目，下功夫，抓细节，才能赢得局部领域差异化竞争先机。

○ **从国际视野看。** 目前，普惠金融可谓是大行其道。10余年过去了，上一轮的金融危机，至今还是余震未消。不要说中小农商银行，也不要说国内银行业，就是国际上的银行"大鳄"也是在仍然充满变数的市场环境中奋力"挣扎"。这些"大鳄"在后危机时代，一个主要的举措就是减掉金融危机前布局下的大量的非核心业务，主要的抓手就是转向零售业务，美其名曰：普惠金融。当然，人家做零售业务，和我们不可同日而语，更加注重监管变化、股权管理、客户体验和技术创新。

"普惠金融"这一概念由联合国在2005年提出，是指以可负担的成本为有金融服务需求的社会各阶层和群体提供适当、有效的金融服务，小微企业、农民和城镇低收入人群等弱势群体是其重点服务对象。这是百度搜索给出的概念。用笔者的话说，普惠金融的对象，就是中小农商银行服务的对象。在这儿，要借用世界银行王君博士的一张图，如图 1-5 所示。

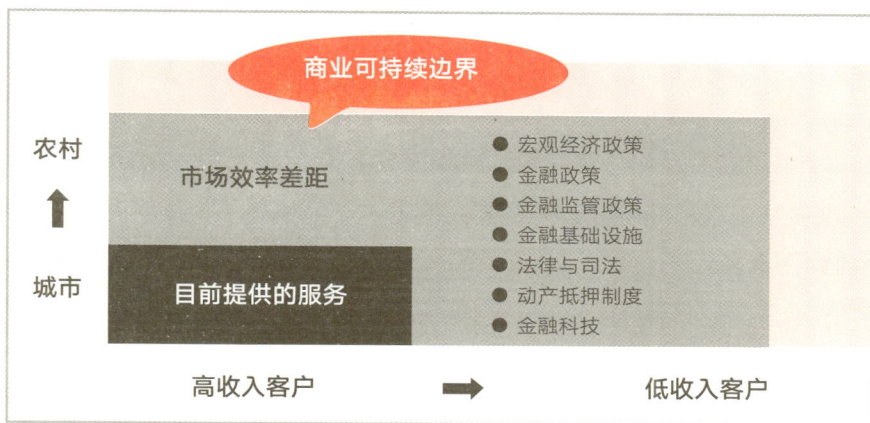

图 1-5　普惠金融的商业可持续边界

（资料来源：世界银行王君博士课件）

中小农商银行做普惠金融，既是本职也要考虑发展，既不能办成公益组织又不能过度商业化，难就难在"边界"的确定上。图 1-5 纵轴是地区维度，横轴是收入维度。城市、高收入区域不是中小农商银行的"菜"，咱也就是偶尔尝尝。最外面的区域，有点类似我们现在的扶贫贷款，这个事情要做，但是不能光讲风格，不"讲条件"。国家在这方面的考虑还是很周到的，一定要把握住"扶贫贴息"和"地方配套资金保证"两个原则，否则，就真的成了公益组织。重点是中间部分，虽然这个区域需要一些政策、制度和科技的支撑，但这个区域大啊，中小农商银行要在这块多使力气。

　　◌ **从政治导向看。** 中小农商银行"不忘初心、牢记使命"就更要做零售业务，中小农商银行领导层提高政治站位，就是要守好战略定位。

党的十九大以来，中小农商银行都在开展"不忘初心、牢记使命"主题教育活动。那么，什么是中小农商银行的初心，什么又是中小农商银行的使命呢？这还要到农商银行的前身——农村信用合作社成立之初去追寻。遥想当年，国家初立，百废待兴。而农村的高利贷问题，又一时难以根除。于是，在新中国成立的第二个年头，国家就开始倡导在农村开展农村信用互助，并且很快生根发芽，开花结果。新世纪初，国务院印发《深化农村信用社改革试点方案》，农商银行这一新的银行"物种"出现了，并且很快发展起来。在这个方案中，有一条原则一脉相承，那就是立足县域。而随后，针对农商银行的各类政策导向和监管要求也始终坚持"支农支小"这条主线。

在我们这个国家经营银行，政治经济学是一门必修课，也是最大的学问。话说到这里，大家应该都懂的。中小农商银行的初心与共和国命运相连，初心和使命在于支农支小。这既是生命的起点，更是成长的正确路径，也会带领其到达胜利的终点。

◌ **从经济形势分析**。随着我国经济体量的逐步扩大，经济增长速度必然会逐步降下来，加之国际大环境的影响，我国主动求变，由高速度增长向高质量发展"换挡"，导致传统产业结构随之调整，也给银行公司业务带来压力。但国家导向下的国内大循环战略和消费社会来临，以及大众创业、万众创新的兴起，却给中小农商银行带来了机遇。由此触发的金融需求，在若干年内会一浪高过一浪。

经济的波动和趋势，对于依附在其上面的金融影响是巨大和深远的。但零售业务所服务的客群、所支持的业务，都是关系国计民生的，除非出现特殊情况，一般还是比较有韧性的，也是比较平稳的，这就是人们常说的零售业务是"压舱石"的缘故。正因为如此，近年来才会出现银行集体转型做零售的现象。中小农商银行的抗风险能力弱，赢得起输不起，更应该将零售业务放到第一位，作为对冲经济波动、寻求稳健发展的支柱业务。

　　◎ **从人口层面判断。**银行是做钱的生意，但本质上是做人的生意。改革开放 40 多年来，中国经历了前所未有的经济大发展，也带来前所未有的财富再分配。有一种说法是，全球四分之一的富裕中产说中文。《美国经济评论》借助多种数据源对中国的财富和收入分配进行了估算，见图 1-6。其中，中间那条线为收入前 10% 人群，上面那条线为收入前 10%~50% 人群，下面那条线为收入后 50% 人群。可以看出，这四十多年伴随着国家经济的腾飞，我国的居民财富实现快速增长，中产阶级快速兴起，真正实现了藏富于民。

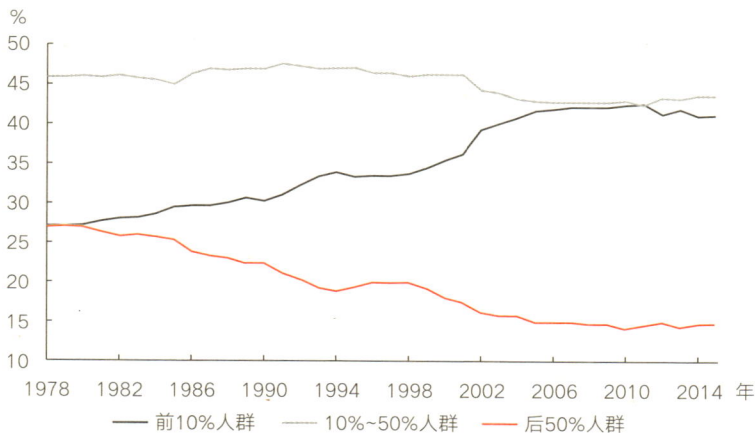

图1-6　中国各收入阶段的收入占国民收入比变化

（资料来源：根据相关资料整理）

　　与此同时，中国的城镇化步伐举世瞩目。2018 年末，全国城镇常住人口占到六成。城镇化是现代化的必由之路，也是我国最大的内需潜力和发展动能。城镇化推动城乡一体化建设，城乡一体化的核心是城乡居民权益一致化。在这一过程中，中小农商银行面临挑战，比如服务主体的变化、业务内容的转变，但零售业务的本质没变，且机遇大于挑战，服务客群的财富增长、服务地域的经济发展，都是零售业务的良好支撑。

还有一个值得关注的现象是我国的人口结构问题。主要包括两个方面。一方面是老龄化的问题。图 1-7 是摘自中国产业信用网的 2005—2017 年中国 65 周岁及以上人口数量走势图。

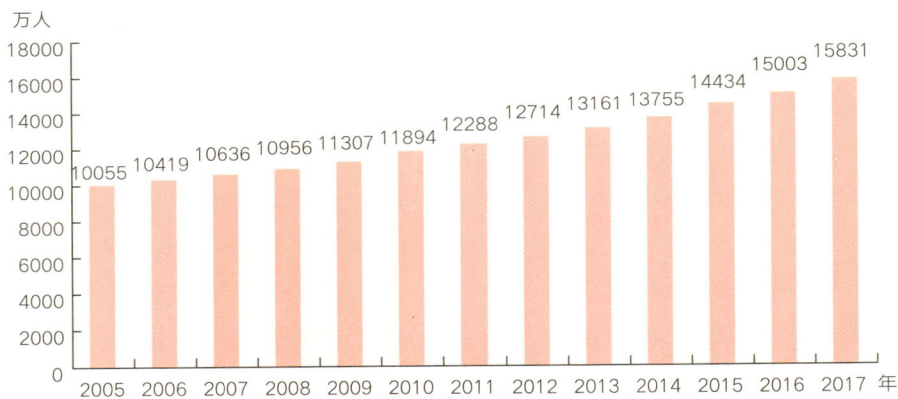

图 1-7 2005—2017 年中国 65 周岁及以上人口数量走势

（资料来源：根据相关资料整理）

2017 年，全国人口中大概 5 个人中有一个 60 岁以上的老人；不到 10 个人中，有一个 65 周岁及以上的老人。预计到 2020 年，老年人口达到 2.48 亿，老龄化水平达到 17.17%；2025 年，60 周岁以上人口将达到 3 亿，成为超老年型国家。预计到 2040 我国人口老龄化进程达到顶峰，之后，老龄化进程进入减速期。如果说城镇化带给中小农商银行的最大冲击是客户"走了"，那么，老龄化带来的最大冲击是服务的客户都"老了"。这"双重压力"，恐怕是中小农商银行"生命中不能承受之重"。

另一方面，员工和服务客群年轻化，也要重点关注。有人把"95后"面临的时代称为乌卡时代。这一群体具有四个典型特征：科技信息技术的不断进步导致的易变性、价值观的开放和多元导致的不确定性、"互联网＋"时代的不断创新导致的复杂性、传统的思维习惯导致的模糊性。中小农商银行中这部分群体普遍占到全体员工的15%左右。而具备这种特点的青年员工，应该不在少数，内部管理面临新困惑。相应地，乌卡时代的青年客户线上消费增幅是"70后"的2倍，消费行为的52%来自线上。中小农商银行想根据他们的思想和需求，想与时俱进地做好服务，但往往陷入"想说爱你不容易"的境地。

○ **从金融角度看**。中小农商银行想要抓住机遇，还在零售。在我国推动供给侧结构性改革的背景下，银行业必将呈现三个主要的发展趋势，一是利率市场化改革进一步深化，二是直接融资进一步提速，三是银行间竞争进一步加剧。中小农商银行习惯性的"吃利差"发展模式将受到严重挑战。和你讲价格的客户，恰恰是好的客户，而不讲代价的客户，往往是坏的客户。特别是公司业务，大行携带低成本资金优势，配套存贷汇等全功能金融服务，算大账、综合账，竞争优势明显占优。而中小农商银行往往在这方面处于劣势，更多地还是要做那些能做得了、做得好的零售业务。

同时，中小农商银行的机遇并不是没有。客户的需求多元化了，只要办出特色，也能分得一杯羹。更主要的是乡村振兴计划，围绕水电路气网等基础设施建设，促进城乡互联互通；围绕农村垃圾、污水处理和村容村貌提升，改善农村人居环境；围绕资源节约循环利用、山水林田湖生态治理，推动农村环境的综合治理，缩小城乡二元空间距离。这些项目都需要大量资金需求。权威人士透露，我国乡村振兴投资规模至少在 7 万亿元以上。乡村产业发展、新型经营主体培育、农村人居环境整治和乡村基础设施建设等重点领域蕴含着巨大机会，将成为金融投资新的热点和增长点。从这个角度看，中小农商银行是遇上了好时候。

○ **从技术维度看。**科技进步更是为零售业务提供新的腾飞条件。零售业务的一个特点是零碎。一个银行对应那么多林林总总的客户，对应各不相同的业务需求，没有科技支撑不可能完成任务。特别是人口的流动性、年轻化等特点，更加剧了零售服务的难度。进入 21 世纪，过去许多技术日益成熟，从理论到实证，再到应用，正在以加速度的方式改变着各种业态。首当其冲的，就是银行。比尔·盖茨说，"传统的商业银行很可能会成为 21 世纪的恐龙"；马云讲，"银行不改变，我们就改变银行"，都是一个道理。底气就是来自于技术在应用层面的成熟。图 1-8 是孚临科技公司的唐总专门为本书提供的，很好地说明了问题。金融科技的云计算、大数据、人工智能、AR/VR，乃至区块链技术，都已经在应用层面成熟或者渐次成熟。

先是支付，后是负债，再到资产，银行的基本业务几乎全部受到互联网金融的冲击。更为关键的是，客户的习惯已经养成，线上支付、线上理财、线上申贷等良好体验，让以线下业务为主的银行应接不暇。从 2019 年开始，国家有意识地加强这方面的监管，基本思路是：金融可以做科技，但科技不持牌不能做金融。这对银行特别是中小农商银行来说，至少有两个重大的利好，一是成熟的科技为中小农商银行的发展，特别是针对客户快速与时效需求的满足、大数据对客群的画像与细分等普惠金融范畴的业务，提供了重要支撑；二是对金融科技公司的严管，给了中小农商银行补上金融科技短板的缓冲机会。

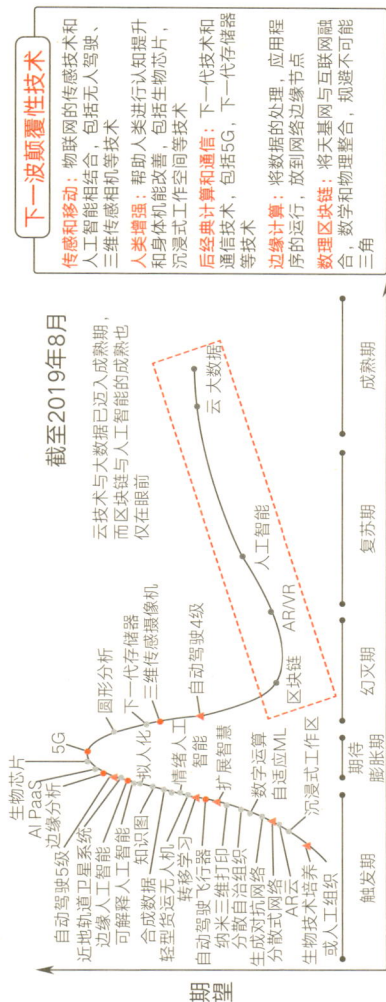

图1-8　技术成熟度变迁图

（资料来源：根据孚临科技信科伟科课件整理）

总之，银行零售业务碰上了时代的风口。靠零售业务起家的中小农商银行，更要顺势而为，回归本源，全心全力做好零售业务。无论是道义层面，还是从利益角度看，这才是中小农商银行永续经营、基业长青的根本之道。唯有远见卓识和意志坚定者，方能料到和做到。贪图眼前利益、只谋一时者，想得到，却未必做得到，而这也成为中小农商银行资产质量优劣的分水岭。

RETAIL
BANKING

第六节
真的做不到吗

- - - - - - - - - - - - - - - - - - -

闲来无事，笔者在百度上输入"转型"二字做了一番搜索，结果显示"百度为您找到相关结果约 100000000 个"；输入"银行转型"，结果显示"百度为您找到相关结果约 26300000 个"，占比 1/4 还多。在这个以亿级计量转型的年代，似乎不谈转型，都不好意思张口谈业务。银行转型也是遍地开花，仿佛大家都商量好似的。但笔者认为，中小农商银行谈转型，特别是转型零售是一种莫大的讽刺。这倒不是笔者标新立异、特立独行，也不是反对转型零售。而是基于这样的判断：中小农商银行谈转型零售，是一种"此地无银"的体现，说明之前的路就"跑偏"了。

银行纷纷转型零售，既有时代背景使然，也与零售业务本身的独特魅力有关，根据业界普遍原理，概括起来，大致有七个方面的好处。

一是可以提供稳定、低成本的资金来源。这个好理解，存款肯定比理财、基金利率低。二是客户价格敏感度相对较低，可以获取更高的利润水平。这个也好理解，零售肯定比批发要价高，只是苦了银行一直号称以客户为中心的客户。三是单体体量小，风险分散，且能平衡对公业务和同业业务的波动性和风险。"单体体量小、风险分散"还好理解，"能平衡对公业务和同业业务的波动性和风险"，这个提法笔者表示勉强能够接受。不过，这一看就是"外来和尚"念的"经"。四是受行业周期性影响小。这个笔者保留意见，大概是不会更惨的意思吧。五是零售和小微客户的金融服务需求日益丰富。这个确实，如果投资、出口都不行了，消费自然要扛大旗了。不过，消费这件事儿还是量入为出好。客户对于银行的需求，实际并不复杂，就存贷汇那点事儿。如果消费也占了对银行需求的主导地位，就要警惕了。这事儿还得展开说一下，两年前，笔者问招商银行信用卡中心的刘总，为什么别的银行给我十几万元的信用额度，招商银行只给我三万元。刘总的答复是，他们判断的是趋势，不针对个人。所以，这一条，笔者表示谨慎地接受。六是有巨大的发展空间。七是通过长期深耕可建立竞争壁垒。这两条都没问题，只是这浮躁的社会，有多少心静者啊！

这么多好处，中小农商银行难道不明白吗？显然不是。大多数中小农商银行答复是："臣妾"做不到啊。表 1–5 大致可以说明理由。这些数据虽然是《中小银行危机与转型》的作者根据网络信息得出，但基本可以反映出中小农商银行的实际。可以看出，相比于对公，中小银行做零售和小微，在利率方面是具备明显优势的，而且优势是很大的。不良率我是存疑的，暂不说明。

表 1–5　　　　　　　　三种信贷的基本情况对比　　　　　　　单位：%

信贷种类	小微	对公	零售
利率	13	7	15
资金成本	1.75	2.25	2.25
人力成本	10	1	12
每单位净利润	1.25	3.75	0.75
不良率	2.75	1.05	0.9

资料来源：李奇霖，谭小芬，居上，常娜. 中小银行危机与转型 [M]. 北京：中国金融出版社，2019.

那为什么好多中小农商银行要"荒废"零售业务呢？原因主要就在于人力成本。确实，做零售就好比修管道，需要时间，需要投入，更需要人力。对中小农商银行来说，人力成本是个"大头"，但还不是全部，运营成本、资金成本、固定资产成本也都不少。国内银行零售业务的成本收入比往往高达 60%~80%，远高于整体银行的成本收入比 30%~40%。中小农商银行主要依赖线下网点和人力，加之核心业务系统的"不自由"，中后台人员占用比前台人员数量要多出 2~3 倍。也即大量的人都"屯"在了柜台里面。

除了成本，品牌影响力、产品单一且体验性差、员工不够专业化、风控分散带来巨大操作风险，等等不一而足。因此，有人给零售业务概括了以下四个特征，以此作为真的做不到的理由。在此，笔者也想逐一给个回复。

○ **慢功夫**。零售业务不同于其他业务，可以快速见效，但在一定积累过后，厚积薄发出的业务绩效稳定、高效，也非其他业务可媲美。农商银行将近 70 年的积累，还不够吗？

○ **苦差事**。零售业务是劳动密集型的业务不假，但要用笨办法，更要用巧办法。没有做到，说明你就没有真正做。而新技术的普及，更是具备了支撑零售业务优质快速发展的条件。

○ **盆景儿**。零售业务不是数据的辗转腾挪可以做出来的，是一点一滴干起来的，上来就下不去。是不是盆景儿，不在业务本身，而在于做的人的心态。

○ **烧钱儿**。零售业务是对已经付出的成本的再利用、再提高，并没有太多提升成本。特别是义利兼顾的中小农商银行，你想撤掉哪个网点就能撤掉吗？你想开除哪个员工就能开除吗。如果考虑风险成本，比如对公不良贷款，零售业务成本更是远远低于其他业务。

恕笔者直言，以上都是学者和掌握话筒者的说辞，真相其实很简单，就两个方面。

◎ **客观条件**。这一方面虽然无法改变，但却是事实。

一是管理体制异化。中小农商银行的领导班子任命权在省级联社，实行任期制。所以，中小农商银行的领导班子眼睛是向上看的，业绩是第二位的。同时，省级联社看的是大指标，特别是与不良贷款关联的指标。因此，中小农商银行的领导班子能在自己的任期内给省级联社交上一份满意答卷就好。至于长远发展，似乎还管不着、顾不上，选择对公业务这种立竿见影的业务，没什么可说的。

二是区域客群偏弱。一些中小农商银行所在区域偏远落后，客户信用意识淡薄，人口密度小，人均创富能力弱，有钱贷不出去。经济资源向城镇转移，经营市场更加收缩，客户资源不断流失，过去的有效信贷资源逐步不复存在。

三是科技支撑不足。核心业务系统由省级联社掌控，在有的地方被当作管理手段来行使，加之中小农商银行认识不到位、人员未储备、费用难负担等因素，严重依赖省级联社。省级联社不从事经营，与市场隔离，系统管理碎片化，同时要满足若干家不同区域、不同文化、不同客群机构的需求，实际上鞭长莫及。

四是监管和市场压力同步增加。监管导向和市场竞争促使农商银行信贷利率不断下滑。同时，为保流动性和做大增量吸收存款，农商银行存款利率上浮幅度不断增加，加剧了利差缩窄的速度。

五是优质股东难引。出于对中小农商银行经营和管理的现状考量，真正有实力的优质股东大多不会选择投资农商银行，尤其是中小农商银行的股东对高管的选用权几近于无，产权是自己的，但好多关键事项自己做不了主，更增加了引入优质股东的难度。同时，近些年农商银行创利水平不断下降，给股东创造的利润也在逐年减少。

六是资产质量堪忧。历史积淀风险严重，经营风险过高，过去贷款"垒大户"行为严重，现在又抢占"别人不敢做的业务"。加之经济趋缓，信贷资产恶化加剧，小法人机构独立核算，缺乏较强的应对系统性金融风险的能力。

◯ **主观原因**。这个原因难以启齿，但却是在上面各种理由和原因的"幌子"下隐藏的真实灵魂。

中小农商银行舍传家本领零售业务而去做公司业务、金融市场业务，原因在于这两块业务是高端业务，是需要领导出面的业务，是可以和大官、大老板"亲密接触"的业务。而零售业务是给老百姓、小老板，甚至穷苦人服务的。我们习惯了中小农商银行的领导与"高端人士"觥筹交错，却鲜见和哪个零售客户见面、吃饭的。这里面，有一些是业务发展的需要，而更多的，或许并非如此。

错位，是中小农商银行的核心症结。这一轮的监管，要求中小农商银行"正位"，不管是客观条件，还是主观原因，无论愿不愿意，零售业务无疑成为中小农商银行别无选择的选择。而坚守定位，真做零售、主做零售、会做零售的中小农商银行，也必将由此拥有充满生机和活力的春天。

第二章
天罗地网 □

　　中小农商银行的业务升级，标志主要有三个，一是经营导向是不是零售业务；二是零售业务是简单的回归，还是升级；三是零售业务指标能不能占到总资产、总负债的一半，甚至三分之二以上。中小农商银行优势在线下，短板在线上。线下业务靠人，人的事情最难办。邓小平同志讲，一靠理想二靠纪律才能团结起来，并将此称为"我们的真正优势"。这个道理放在零售业务领域，同样适合。线上业务靠科技，但中小农商银行的科技只能是"术"，做不到"道"，这和股东背景、服务领域、盈利模式等相关。能做到"术"，实际上已经足够啦，关键是要从底层逻辑认识到位，也要从执行层面切实落地。中小农商银行只要能够秉持天罗地网思想，用"线下+线上"和"人工+科技"的方式，向客户展示爱的能力，一定可以走出一条小而美、小而强的发展路径。

第一节
路径抉择

- - - - - - -

前面说了那么多，其实就是一句话：中小农商银行为什么要转型。不管是真转型，还是伪转型，现在，至少姿态摆在那里了。但是，怎么转？又是一个大大的问号。

总体来看，中小农商银行转型零售，主要存在八个方面的问题：一是经营定位模糊，战略导向不明；二是职责边界不清，总部效能偏低；三是系统建设落伍，科技应用滞后；四是运营流程不畅，风险隐患突出；五是激励机制欠缺，队伍活力不足；六是培训辅导不够，专业技能较差；七是产品体系单一，竞争能力不强；八是人际关系厚重，制度执行偏弱。这些方面，是大多数专家在不同场合讲课都会提到的问题，各家银行也确实多多少少存在这些问题。

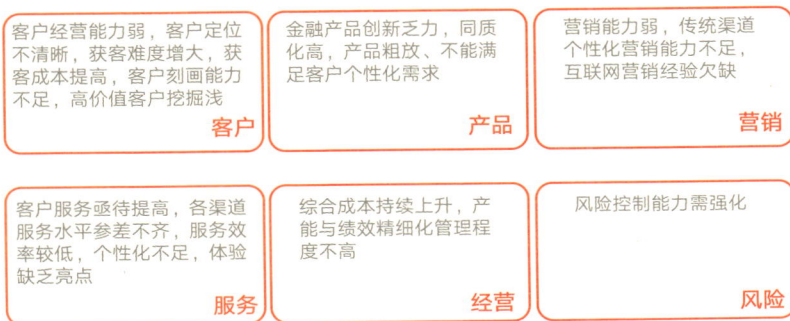

客户	产品	营销
客户经营能力弱，客户定位不清晰，获客难度增大，获客成本提高，客户刻画能力不足，高价值客户挖掘浅	金融产品创新乏力，同质化高，产品粗放、不能满足客户个性化需求	营销能力弱，传统渠道个性化营销能力不足，互联网营销经验欠缺
服务	**经营**	**风险**
客户服务亟待提高，各渠道服务水平参差不齐，服务效率较低，个性化不足，体验缺乏亮点	综合成本持续上升，产能与绩效精细化管理程度不高	风险控制能力需强化

图 2-1　农商银行零售业务痛点研判图

（资料来源：根据公开资料整理）

图 2-1 是国内知名的 YX 科技公司的研判，应该是都说到了点子上。各家银行普遍存在这些问题，特别是中小农商银行更加突出。即使是一些零售业务做得好的农商银行，其长期坚持的精神是值得肯定和敬佩的，但其做法大多是"过时"的，距离也由此产生。

中国人讲问题历来喜欢说"道"的问题，很少讲"术"的问题。而中小农商银行又有偏重"术"而轻"道"的传统沿袭。实际上，这两者之间是相互依存的关系，缺一不可。光论"道"，就是纸上谈兵；光有"术"，就会盲干瞎干。具体到零售业务，各家银行都在做，但更加关注某个点，比如关注某个产品；而没有线性思维，不会由点连成线，比如形成产品线；更不会到"面"和"体"的高度，比如产品背后的组织、人才、激励等支撑。实际上，零售业务是一个典型的用"体"的思维来指导的业务。虽然这个高度比较难达到，但要有这种意识，一点一点摸索。

关于银行零售转型的"体"的思维，麦肯锡咨询公司总结国内外领先银行经验，提出零售银行 4.0 时代跨越式发展的八大策略。这对于大多数仍处于零售 2.0 时代的中小农商银行来说，虽然有点远，但还是有一点启发意义的。

○ **智能化大数据应用。**建立以数据驱动决策和业务能力，实现对客户的全生命周期经营与管理，提升交叉销售。

○ **场景化批量获客。**结合线上平台、线下场景，加强互联网技术应用，嵌入业务场景大规模发展客户。

○ **精细化销售管理与专业化营销。**建立总分支行及个人目标管理体系，系统性、常态化进行销售检视督导；打造专业化营销体系与营销能力。

○ **低成本负债提升。** 搭建金字塔差异化定价策略取代单一定价，精准匹配资源，全面提升业绩和利润管理能力。

○ **打造强总行。** 构建强大的总行"大脑"，突出总行的"发动机"职能，建立敏捷组织架构，全面提升总行能力。

○ **提升客户体验。** 通过五大战略举措（理念、团队、管理体系、工具库、IT 系统）打造卓越客户体验，将提升客户体验从愿景变为现实，有效带动客户价值提升。

○ **中后台整合优化。** 零售转型成功的重要基础是条线专业化，并优化整合中后台支撑体系，将中后台关键支持职能内嵌入业务条线。

○ **全渠道战略和智慧银行建设。** 打通各渠道客户信息，推动全渠道战略，从根本上改变客户服务，提升移动平台竞争力，明确网点定位，运用新兴科技推动智慧银行转型。

在我看来，这八大策略本质上是两点：线下优化和线上强化。对于中小农商银行来说，线下是传统优势项目，也是成本核心，怎样让已经付出的成本发挥最大效果，要比任何想法和争议更有实际意义。而线上是一个空白区，做得好的，也就是做了一点点探索，与大行差距不是一般的大，与互联网金融更是两个"世界"。

基于现状分析和未来研判，笔者给中小农商银行零售转型的建议是：锻造内生力，追赶数字化。

○ **锻造内生力。** 所谓内生力，就是中小农商银行着眼当下生存现状，实现自我发展的能力。我爷爷从小教育我，"靠人都是假，跌倒自爬起"，讲的就是这个道理。中小农商银行都是一个一个小法人，没有一股子自强自立的性格，没人能够看得起你，也帮不了你。老百姓常说"打铁还需自身硬"。在外部政策争取、业务合作等方面，关键在于你自己是否强大。你强了，都是朋友；你弱了，就是"被宰的羔羊"。这种内生力，是基于自身、贴合实际自发生长的力量，不是某件事情或者某个人的力量，是全行文化熏染下的整体精神状态。而这种精神的背后，是"一把手"的统筹、班子的团结、中层的能力、员工的素质、业务的流程、产品的实用、制度的规范、奖罚的严明等实实在在的支撑。没有这些支撑，不要说迎合时代，不要说赢得竞争，不要说科技创新，自己就把自己干趴下了。什么决策链条短，用不好就是"一言堂"；什么点多面广人多，那就是一盘散沙；什么人缘地缘情缘，就是人情贷、小圈子。但是，如果内生力足够强，中小农商银行就是一个个坚不可摧的碉堡，就是可以杀开一条血路的特种兵，就是可以嗷嗷叫、敢于亮剑的李云龙部队。因此，中小农商银行可以尝试新业务，可以探索新模式，但最主要的基础，是锻造内生力。

而所谓的锻造，就意味着在现有基础上，进行强压力的变革，把坚固的、原样的东西，按照发展诉求，采取热锻、温锻和冷锻等多种手段，把它融化掉、重塑型，固化下来。材料还是以前的材料，人还是以前的人，因为时代变了，需求变了，进行重塑造，变成跟得上时代、赢得了市场的新业态。

◎ **追赶数字化。**数字化浪潮席卷全国，我国已经成为全球数字化的引领者。天下大势，顺之者昌，逆之者亡。中小农商银行面对数字化转型，既要主动拥抱，又要量力而行。银行数字化转型的本质是要利用金融科技手段，改造业务形态，以期实现提升业务效率，降低运营成本，拓宽服务半径，优化客户体验的目的。那怎么追赶数字化？核心要解决两个问题。一是风控。银行本质上也是信息产业，我不了解你，怎么给你放贷款。过去大家都是村里人，祖祖辈辈在一个地方生活，对几代人都能了解。现在，固定的人流动起来了，新来的人没有信息，不了解，这就需要解决信息不对称的问题。二是效率。零售业务是为长尾客群服务的，少数人服务多数人，简单的手段满足诸多需求，那哪能办得过来啊。现在好了，用科技的力量，批量办，快速响应。因此，金融科技是实现数字化的载体。但是，没有内生力的锻造，金融科技这一"杠杆"就没有了"支点"，数字化更是一句空话，造出来的东西，也是样子货，也用不起来、用不好。

在实际工作中，中小农商银行对待日益汹涌澎湃的数字化浪潮，呈现出两种极端的情形：要么退避三舍，以核心系统不能自主为借口，当把头埋在沙子里的鸵鸟；要么无知者无畏，大干快上，标新立异，不计费用，不顾风险，最后落得一地鸡毛，无法收场。

科技在金融行业的应用场景已经成熟，科技本身不是问题，关键在于监管的认知和态度，因为银行是强监管的行业。这里讲一个小故事。2019 年笔者在北京参加了一个国内颇具影响力的机构举办的内部闭门会，某监管部门领导讲了金融科技还不成熟，刷脸技术距离应用层面还差几个百分点，等等。当我到楼下超市购物时，用的就是刷脸支付。这一颇具戏剧性的细节充分反映出银行干不过互联网金融的关键。互联网金融曾经野蛮生长，关键在于没有那么多条条框框，而银行是"严管的孩子"，虽然不缺资金，不缺人才，但缺少政策包容。发展到今天，互联网金融"成者王侯"，银行"败者寇"。

好在，在现实的倒逼下，监管部门开始意识到问题的严重性，迎合发展潮流，承认银行的现状。中国银保监会发布的《商业银行互联网贷款管理办法》，不仅填补了监管空白，更让多少银行人的翘首期盼终于成为现实。这对于金融创新至少有三大促进作用，也即"三个更具操作性"：一是有利于商业银行为客户提供更简单、更快捷、更智能的金融服务，全面提升客户体验，让以客户为中心的理念在落地层面更具操作性；二是有利于商业银行降低运营成本，提高运营效率，更好地服务长尾客群，让商业银行因人力成本等原因导致的普惠金融难题在解决层面更具操作性；三是有利于规范业内合作，实现互利共赢，实现参与方各取所需、取长补短，让积木式业务合作在实施层面更具操作性。

对于中小农商银行来说，虽然与这些技术应用离得比较远，但不代表没有可能。特别是数字化变革根本上不仅仅是技术的问题，更是组织和制度的问题。而中小农商银行是一级独立法人，组织上天然具备自主决策、快速决策的优势，制度上自定游戏规则，所需要的技术方面的支撑，除了核心业务等系统接口外，其他并不是什么大不了的问题。

追赶意味着在现行模式下，对业务结构、运转模式和观念思想进行根本性转变，通过在金融科技方面的努力，可以发挥传统线下优势，补齐线上业务短板。

最后，还要强调一遍，中小农商银行的科技建设，就像坐公交一样，先"下"后"上"，先打好线下的功底，再练线上的功夫，千万不要图省事，要一步一步分层次。

第二节
动力之源

- - - - - - - - - - -

任何企业的内生动力都源于自身文化。而中小农商银行的文化源于一代一代的传承。传承什么？传承农信精神。那么，农信精神又是什么？我比较认同一位领导的概括。他认为，农信精神是中国共产党在农村金融领域的革命和创新精神，是人性中的真善美的体现，是人与人的合作共赢的体现，是永不过时的艰苦奋斗的体现。华为牛不牛，它的核心价值观依然强调"长期艰苦奋斗"。中小农商银行从新中国的晨曦中走来，从农村中出来，由农村信用社改制而来，更应该传承这些精神。即使当下条件不一定"艰苦"，但奋斗精神永不过时。

这种传承，在新老员工的日常业务"润物细无声"中传递，更在于"一把手"的倡导和发扬。萧规曹承是一种政治智慧，也是一种好的管理和经营技巧。中小农商银行的文化，更多的是银行家的文化，"一把手"不一定能决定这家银行的生死"命"，却能决定兴衰"运"。为此，王松奇老师在为笔者所写的《大道之行（háng）》一书撰写序言时，特别提到，懂得文化传承的银行家一定是"明白人"，并指出中小农商银行的"大道"就是持之以恒、坚持不懈地做着普惠金融，以及传承由此生发出的文化。

◌ **中小农商银行文化就是银行家文化。**银行不是文化机构，搞文化干不过专业文工团体。但为什么要搞企业文化，目的性是很强的，就是要贯彻主要领导者的意图，营造思想一致、行动一致、步调一致的氛围。至于什么氛围，中小农商银行的"一把手"就是行内的超级 IP，其一言一行、一举一动就是代表。"一把手"加班加点，下面的人也不会早早下班；"一把手"整体喝得昏天黑地，那行内风气也大概好不到哪儿去。

银行家文化重点包括三项内容："画饼"、发动群众、抓细节。在这里，要补充说明一下。按照专业的企业文化理论，应该有一个核心价值观。笔者没提的原因，在于这和中小农商银行的战略一样，不需要自己定，国家给的定位已经决定了中小农商银行的核心价值观，只能是义利兼顾、以义取利。最多是各家银行的表述不同，或者加一点基于本土化改造的东西，仅此而已。

所谓"画饼"，就是专业人员所说的确立企业愿景，给大家指明发展的方向、奋斗的目标。这里面，有"一个关键""两个忌讳"。"一个关键"就是要站到道义的制高点，充满正能量，既要有使命感的号召性，也要有路径的可行性。最典型的例子，莫过于红军的"北上抗日"。"北上"是路径，"抗日"是使命。"两个忌讳"中，一忌"无关紧要"，不重视，认为银行每天都是"要吃饭的"，弄这些虚头巴脑的事情没意义。二忌"太过宏大"，遥不可及。"画饼"的目的是让大家充满期待，心中有盼头，脚下有劲头。因此，这个目标不仅银行家要自己相信，还要让员工相信。

所谓发动群众，就是动员全员奔着那块"饼"去奋斗。有位伟人讲，谁能把中国人组织起来，谁就能赢得天下。组织能力既考验一个银行家的核心能力，也直接关系事业能否成功。无论是夺取政权，还是抗击疫情，我们的领导人都视其为"人民战争"，就是强调国家的组织能力。银行又何尝不是呢，尤其是科技浪潮裹挟下的中小农商银行，如果不能发动一场"人民战争"，如何应对他行的"美式装备"呢。同时，也要向客户传递"共生共长，共赢共享"的价值主张，在业务合作中，变"小买卖"为"大生意"。

"抓细节"就是要亲力亲为、靠前指挥。我们好多中小农商银行的领导，天天把战略挂在口上，好像不讲战略就"掉份儿"。这就好比一个平头老百姓整天议论国际大事一样可笑，不是不主张大家"家事国事天下事事事关心"，而是觉得，与其关注你解决不了的事情，不如躬身去做你能做的了的事情。中小农商银行的战略，就是国家给你的定位。你所需要的是"抓细节"，把每一个关键点做好，把每个员工动员好，把每个客户服务好。领导领导，一"领"一"导"，领是带领，导是引导，都是让你走在前面，"跟我上"，可不是"给我上"。

○ **中小农商银行文化讲究方式方法。**文化是一种经年累月积淀、由内而外生发出来的精神状态，是"粗缯大布裹生涯，腹有才诗气自华"，与物质条件关系不大。这些年，常常看到一些关于文化的词儿，"打造""建设""工程"，等等。总感觉怪怪的，文化领域这样搞，那还叫文化吗，这不就是把文凭当文化、把财富当才气了吗？我并不反对文化培育也有方式方法，但这种大拆大建，本质上不是在培育文化，而是在破坏文化。文化是需要培育的，是看不见的管理，这比看得见的管理更重要。文化是有厚度的，可不是挂在墙上的宣传标语，也不是某个人突发奇想想出来的，那是一代一代传承下来的，是经年累月而厚积薄发出来的。

中小农商银行搞文化，要遵循经典的四步法则，虽然还有更细节的东西，由于不是本书的重点，就不展开讲了。

首先，要确立一个愿景，一个上下呼应、彼此认同的目标和方向。太大了，不行，容易让人不相信；太小了，也不行，那就变成自娱自乐了；太雅了，不行，不符合银行务实的风气；太俗了，也不行，容易内部认识不统一。总之，一句话道尽全部道理，不容易。

其次，要把这个愿景传导到不同业务板块，变为这些业务板块的规章制度起草和执行的指导思想。从隋朝《开皇律》开始，我国的立法就在传承一个惯例：以法护理。中小农商银行的制度建设也是一样的，要把总行特别是行领导的精神"渗透"其中，将虚的东西变成可以看得见的执行依据。

再次，要切实保障每一项制度的执行落地和考核监督，也就是关键看每个人的行动和实际表现。制度写在纸上，效果体现在行动上。只有把愿景通过制度固化，再通过执行量化，才能将精神变成行动。

最后，是组织活动、凝练宣传语、选择文化表达方式，包括对外的媒体、内部的文化墙等。这就是最外边的表现层面。有了上面三点，这一层往往就自然体现出来了。当然，这里面也有技巧的成分，因为不在本书范畴，同样不展开说了。

◎ **新时期应更多强调文化统合。**毛主席曾经提出这样一个问题，被史学家称为"赫图阿拉之问"：满族是一个只有几十万人口的民族，军队也不过十万人，怎么会打败约有一万万人口、一百多万军队的明朝呢？而且，满族人建立清朝并巩固其统治长达二百六十八年，这究竟是什么原因？清史专家阎崇年的《森林帝国》给出了答案，那就是文化统合。什么是文化统合？这对中小农商银行有什么借鉴意义？

所谓文化统合，就是从森林文化走出来的满洲统治集团，善于利用政治、文化、宗教等政策，逐渐统合农耕文化、草原文化、高原文化以及海洋文化，使得各种文化类型既能合而不同、自身得到发展，又能够互通有无、促进多元文化共同发展，最终汇聚成为中华文明，各文化类型的族群最终凝聚为中华民族的多元一统。这对于中小农商银行的借鉴意义，笔者认为，至少有两点：一是文化的融合。随着中小农商银行的发展，需要融合农村信用社的公益文化和农商银行的商业文化，需要融合老员工和新员工的文化，融合行内员工和引进人才的文化，等等。这些文化融合不好，其破坏力有时候是惊人的，是无法设想的。二是文化的统合。可以简单地理解为统筹与合作。满人在原始森林中"围猎"，既要有统筹者，也要有各个参与方的合作。哪一块出了问题，都可能让野兽逃跑，甚至吃掉人。这就是八旗制度的来源。中小农商银行在诸多条件不具备优势的情况下，人海战术怎么组织，怎么发挥最大作用，怎么收获"猎物"，考验着总行及领导者的总体统筹力，也取决于部门、支行、各个条线、各个板块的合作力。

建议大家读读这本书，并联想中小农商银行的现状，相信可以有更多的感悟，笔者这里就算抛砖引玉啦。多年前，笔者曾经问过文化大家余秋雨先生一个问题，银行如何搞文化。老人家的答复是：多组织些活动。恕我直言，余老先生懂文化，不懂银行，更不懂银行文化。但银行人自己应该懂，银行文化还是要偏向于实用主义。文化，本意是文以化之，其实用价值在于教育。当把"一把手"的思想装进全员的脑袋，这仅仅完成了第一步，当然也是最关键的一步。在此基础上，要采取方式方法予以渗透到方方面面，每个"毛孔"。

总之，中小农商银行不缺文化，缺文化的发掘、提炼、转化和发挥。"问渠哪得清如许？为有源头活水来。"只有把"源头"找到了、疏通了，"活水"才能犹如滔滔之水，延绵不绝。

RETAIL
BANKING

第三节
"五角模型"

　　笔者长期关注和跟踪中小农商银行这个群体的变革和发展，也和这个群体中不同层级的人进行广泛交流。有一个鲜明的感受，就是这个群体的人非常厚道，也很务实。但在不同的业务领域，可以"钻"进去，不会"跳"出来；可以干出来，不会找本质。这就导致业务得不到大的提升，不敢寻求大的突破。为此，我给大家总结了一个锻造内生力的"五角模型"，见图2-2，供大家参考，希望达到助力升华的目的。

图2-2　锻造内生力的五角模型

○ **思维力**。思维力本质上就是底层逻辑。任何事情，底层逻辑错了，一切就都错了。这是面向全员的一项工作，也覆盖每个条线、每个板块。对于员工来说，理解了底层逻辑，可以矫正不正确的想法和做法，可以统一思想和步调。对于领导者来说，既要有底层逻辑思维，还要有逻辑链的长度，这决定着一个决策事项的思维深度。思维力有点像改革开放初期的解放思想，只有思想解放了，才能更好地实事求是，也才能团结一致向前看。

逻辑无处不在，没法一网打尽，罗列清楚，也没有标准答案。举三个不同层级各两个例子，以期抛砖引玉。

对于中小农商银行的高管，重点抓的是纲举则目张的事情。

第一个例子，在银行的风险和发展之间如何权衡？从银行的本质来看，银行就是经营风险的行业。因此，防控风险必然是优先的。从收益的角度看，发展是第一位的。这就需要从底层逻辑去思考。中小农商银行的定位，实际上就是国家在经济最末端、客群最底层设计的金融服务机构，是金融脉络中的"毛细血管"。除了人为因素和定位偏离外，风险大是正常的，风险小从另一个角度说明你没有尽到责任。本世纪初，国家为什么要通过人行票据置换的办法，"花钱买机制"，原因就是国家明白，谁给这部分客群服务，不良也低不了，所以要兜底。因此，中小农商银行的发展是第一位的，防控风险是第二位的。当然，不是说防控风险不重要，而是说，不能以防控风险为幌子，抑制金融需求的满足。连你都这样了，那国家设计的制度怎么落地，最底层的群众金融需求怎么满足。在此有个建议，中小农商银行给领导汇报，可以谈规模、收入等大的指标，但主要还是要多谈客户覆盖面等普惠类指标，论规模不是你的强项，论深度才是你的强项。

第二个例子，权力上收、责任下移，还是责任上收、权力下移？

一些中小农商银行的领导真把自己当领导，权力抓住不放，责任一点不担。下面的人聪明得很，一级推一级，都当"传话筒"，你好我好大家好，就是业绩不见好；也有一些领导，把权力放给下面，有责任的时候主动担起来，下面的队伍就像李云龙的部队一样"嗷嗷叫"。这种情况的底层逻辑是尊重。如果人与人之间连起码的尊重都没有，还谈什么管理效能。

对于中小农商银行的中层来说，他们发挥着承上启下、兵头将尾的作用。这个尺度不好把握，但这个群体至关重要，领导可以大幅度调整，员工可以大面积流动，唯独这个群体需要保持稳定，这决定着中小农商银行的稳健经营和长远发展。下面也举两个例子。

第一个例子，中层应该向上负责、向下管理，还是向上管理、向下负责？好多人可能会毫不犹豫地说，是前者。这个很好理解，高管领导中层，中层领导员工，肯定是向上负责，向下管理呀。其实，这是一种表象，真实的一面应该是后者。真正按照后者方式做事的中层，既能为领导分忧，也可以带出一支负责任队伍，这个我不解释，大家可以去体会和实践，是不是这么个道理。

第二个例子。前些年，助贷、联合贷非常火热。作为中层，该怎样给领导建议。我觉得，既要讲得简单易懂，让人听得懂，还要区别对待，拿出切实可行的建议。如果你的金融科技支撑足够，防控风险能力足够，可以尝试尝试。虽然这种业务只会让你成为一个资金批发商，挣点快钱，没有太多的额外收获，但是，如果不能满足这样的条件，我建议还是不要做，因为这是拔苗助长，最后可能连死都不知道怎么死的。是不是就不想、不做了呢？也不是，还是要主动拥抱这个趋势，主动探索，可以像改革开放初期一样，采取"以市场换技术"的策略，主动参与其中，既要找到适合自己的路线，还要找出其中的"坑"。在这个过程中，挣钱不是主要目的，培养队伍才是主要目的，这样的合作方式也是可以尝试的。现在，中国的电视等产业不就是这样过来的吗？

员工是直接面对客户的，无论你花了多少钱树立企业形象，可能都不如一笔业务给客户的感受深刻。因此，员工也必须有底层逻辑思维，如此，才能体现出专业性，也才能给客户良好的体验感。

第一个例子，关注利率的客户，是好客户还是坏客户？可能有的员工觉得客户挑剔，难伺候。错了，这样的客户才是好客户。关注存款利率的客户，说明他的"兜里有米"，还有再挖掘的空间。关注贷款利率的客户，说明他的消费和经营都比较精细，这样的客户往往不会出大的问题。

第二个例子，好多人干上几年，感觉这个单位没你不行。奉劝这样的员工想一想：是你的本事大，还是平台重要？人生的路，其实就两条，要么自己干，创业；要么靠平台生活，上班。在银行上班，就是靠平台。铁打的营盘流水的兵。还是要端正自己的工作态度，把这份自信好好用在提升工作质量上吧。

○ **发掘力**。发掘力可以理解为三个层次，第一要发现，第二要挖掘，第三还要产生价值。目前，大多数的外部人不看好中小农商银行的发展前景，从引资入股的困难重重可见一斑。银行的内部人士气也比较低迷，大多数人认为，"70 后"勉强能端住这个饭碗，"80 后"及以后就不好说了。这些情况和说法都有一定的客观性。但是，中小农商银行也不是一文不值、一身不是，关键还在于能不能把自己独特的优势发现、挖掘出来并真正发挥作用。

在数字经济时代，这种挖掘力愈加必要，无论是数据层面，还是软信息层面，越能扩大挖掘的广度和深度，越会有实际效用。表 2-1 的内容是笔者随便掰着指头数出来的，应该还有更多，此处不再一一赘述。

表 2-1　　　　　　　　**中小农商银行优势项目发掘表**

中小农商银行优势项目	实用价值
历史比较长、积淀比较深	1. 客户可信赖，敢把钱存进来；2. 客户数量基数大，存量挖掘潜力大
点多面广人多	1. 与客户物理空间交互方便，尤其是中老年客户；2. 适合社区银行和人海战术
人缘地缘情缘深厚	1. 交叉销售、延伸营销具备天然优势；2. 适合我国熟人社会特点，争取一些特殊政策
深植当地多年，与地方政府、公检法司等机构关系密切	1. 争取工资代发，批量获客；2. 数据获取、软信息采集具有天然优势；3. 处理不良等急难险重事项容易争取支持
独立法人、机制灵活	1. 快速决策、快速执行、快速督办、快速见效；2. 整合和调动内外部资源能力强
农商兼顾、城乡互动	1. 便于在非金融服务的零售、电商等方面着力；2. "农"和"商"两头政策可以争取，两头市场信息明了，银行信息中介作用更好发挥
客群相对稳定，金融需求相对简单	1. 便于主推存款、贷款业务；2. 引导手机银行绑卡，培养线上业务办理习惯
品牌认可度高，特别是农区	1. 整村授信；2. 农村集体经济组织、各类合作社业务合作；3. 粮食直补、惠农政策传递
政策红利多，以红利补收益	1. 税金优惠；2. 费用减免
乡村振兴计划	1. 提前介入，网点覆盖；2. 土地承包经营权抵押贷款具备天然优势

　　通过简单分析，可以看出，中小农商银行在总体层面上没法和国有大行和股份制银行比较，但在局部区域，完全具备竞争的比较优势。特别是独立法人的优势，是任何驻地类银行不具备的优势。只要中小农商银行定位不偏，主动作为，别让小银行得了"大企业病"，在局部区域，"强龙"不一定压得过中小农商银行"地头蛇"。

　　关于这一块，举个简单的例子吧。BT农商银行在尝试线上贷款业务的时候，需要当地缴纳公积金的数据。好多银行都想得到这块数据，也愿意出大价钱。该银行在协调的过程中发现对方的一个"痛点"：其下设机构就在银行附近，且无吃午餐的"地儿"。该行主动提出，可利用本行的员工餐厅为其提供午餐。简单一招，就解决了这个问题，而且合作很好，上线很快。像这样的事情，中小农商银行的案例很多。总之，只要肯琢磨，下功夫，中小农商银行这支"土八路"，"根据地"实力不容小觑，可不是"衰"，而是"帅"。

○ **整合力**。整合力就是把零散的资源通过恰当的方式组合起来，形成有价值、有效率、有效果的整体，本质是让资源最大化利用，产生系统性力量，实现 1+1>2 的效果。中小农商银行主做零售，既要用笨办法，也要用巧办法，整合力就是巧办法。中小农商银行的内外部资源整合好了，完全可以所向披靡。包括但不限于以下六个方面。

第一个资源就是银行牌照。在我国，银行牌照是很值钱的，持牌和非持牌那是有着天壤之别的。有了这块牌照，可以有效整合 G（政府）、B（商户）、C（个人客户）、F（银行同业）端客户资源，光明正大，名正言顺。

第二个资源是独立法人资源。需要整合业务种类、业务流程，整合财务费用、绩效考核等方面，就好比一个人，要强身健体，就要全面协调。吃得好，不锻炼，不行；锻炼了，心情不好，也不行。互相关联，缺一不可。

第三个资源是网点资源。要在这方小天地里整合金融业务与非金融业务，整合线上业务与线下业务。网点随便撤换，你自己未必说了算，特别是金融服务空白乡镇。你所能做的，是怎样把已经投入的、无法改变的固定资产的最大化价值发挥出来。

第四个资源是人力资源。这要整合条线、部门、区域、个人之间的资源，整合各位员工的专业特长，以及人脉关系，整合薪酬待遇、职位职级、奖罚资源，整合领导的单位名片资源。农商银行的员工中间有高人啊，但要让这种资源变成助力业务发展的一种能力，而不是扰乱正常管理秩序的负面资源。

第五个资源是贷款资源。这是目前银行最能拿得出手的一个抓手。对于 G 端客户的大额贷款，不能把眼睛仅仅盯在利率上，而应该争取地方政策支持和当地公职人员的工资代发、公职人员贷款、行业数据等。对于公司类贷款，不能直接算利息账，也不要再拿解决当下"吃饭"的幌子糊弄人，要看这家企业上下游产业、内外部资源的影响力，重点是能带动多少零售业务，坚决放弃那种一贷就"终身相随"、一贷就"隔天清账"的客户，这都是"玩儿"咱小银行呢。对于 C 端、B 端客户，重点还是要交叉销售，把账户、存款、贷款、支付等"捆绑"起来，甚至可以给些激励政策。对于这两部分客群，我们是有话语权的，"捆绑"不是目的，更好的服务才是目的。

第六个资源是合作方资源。给中小农商银行提供服务的合作方很多，有广告公司、科技公司、咨询公司等，不能仅仅让别人挣银行的钱，银行也要挣合作方的钱，或者让他们发挥作用。

应该讲，整合力是考验一家银行管理水平的关键能力，间接地决定着经营状况。而部门联动是整合力的关键，因为这些资源由支行统筹汇总后，又分散到了不同职能部门。还是来举个例子吧。

BT 农商银行在全辖大力推动普惠金融"5+"模式，即"党建 + 金融 + 生活 + 文化 + 扶贫"。

"党建"主要的目的是政治引领，把握方向。从经营的角度讲，就是找准突破口。各家一级支行党支部与网格化营销地图划定的行政村村委会、社区居委会成立联合党支部，一般由村委会、居委会的书记担任联合党支部的书记，一级支行的党支部书记或者行长担任联合党支部的副书记，双方的支委成员分别担任联合党支部的委员，并定期召开组织生活会，就双方合作，重点是管片客户的金融需求作出规划和制定保障措施。由此可以达到两个主要目的：一是保障客户建档立卡工作畅通无阻，二是对服务领域的信息序时掌握。

"金融"主要的目的是深度切入，全面合作。从经营的角度讲，就是扩充营销阵地和人手。主要的抓手就是在每个居委会、村委会建立"金融服务站"，由居委会、村委会免费提供场地。每个服务站设站长一名，由居委会或者村委会推荐，银行把关，选任有影响力、信息灵通的人员担任站长，履行服务站全部职能。支行与村委会/居委会签订《金融服务合作协议》，避免以后用工纠纷。站长薪酬构成为基本服务费用＋业务手续费，基本服务费用由总行统一发放；业务手续费根据站长介绍的存款、贷款清收、理财、贵金属等各项业务量，比照员工确定。这就相当于给每个网点的客户经理增加了协助工作人员。金融服务站主要有七项职能：一是便民服务，主要依托助农机具、云 POS 机等，为客户提供取款、消费、转账支付、查询、信用卡还款、贷款查询、贷款还款、水电缴费、社保查询、手机充值等基础金融服务，真正解决金融服务"最后一公里"问题。二是金融业务办理服务。主要是收集客户存贷款需求信息，协助客户经理开展贷款调查，指导授信申请人准备贷款材料，提供基础信贷知识咨询。三是金融知识普及。组织村民、居民参与金融法律法规、金融政策、高利贷、金融诈骗、反假币等金融宣传活动；同时介绍银行金融产品和业务流程，做好上级安排的金融知识宣传等。四是便民信息传播服务。针对客户实际需求，义务提供农业信息、农业政策、银行优惠政策、本地资讯等惠民利民政策。支撑点是专门建立的"资信平台"，由各支行根据本地实际，通过网点 LED 大屏、微信群定期发送。五是电商交易服务。主要在农区，重点提供网上代购商品、线上订单支付等基础网上服务，培养农户线上购物的意识和能力。条件许可的地方，对接互联网网购平台，将农产品代销至电子商务平台，推动农产品线上售卖。六是农产品增值创收服务。在城区切入消费场景，银行做中间人，达成异业联合，将农区田间地头的产品卖到小区门口。七是物流中转服务。以金融服务站为支点，为客户提供物流代收代发，线下商品代放代发等延伸服务。

"生活"主要是指场景。探索通过客户日常生活的"衣、食、住、行、游、购、娱、医"等场景，从 B 端锁定商户，也增强客户活跃度。在村委、社区，大力拓展生活圈内的不同行业的商家，用积分、权益等方式，加强银行与商户、商户与商户、客户与商户、客户与银行之间的交互频次，让银行服务"穿针引线"地植入其中，既不突兀地营销，又能巧妙地达成业绩。

"文化"主要的目的是提升服务客群的精神层次。中小农商银行服务的客户特别是乡村客户，其业余文化生活是一个空白地带。好的东西不去占领，坏的东西就会乘虚而入。该行主要措施有两个：一是联合当地文工团体等部门，利用他们也有下乡任务的契机，在全辖范围内常态化开展巡演、送电影下乡等活动。二是联合宣传部门广泛设立银行命名的乡村书屋。在这些文化传递过程中，巩固银行的形象，植入产品宣传，在潜移默化中教育客户。最好的营销手段是教育，这一做法可以达到这个目的。

"扶贫"主要的目的是承担本土银行的社会责任，弥补服务客群的短板部分。主要的抓手是"千万光彩计划"。这个计划是与当地统战部联合推出的，每年拿出固定资金，针对各类困难群众给予帮扶。同时，要求支行从本辖区内遴选困难群众予以支持。这也给了他们在当地协调相关事宜提供了一个抓手。在授之以鱼的同时，通过金融的手段努力

"授之以渔"，推出了扶贫贷，紧急救灾的"家园贷"，大学生创业的"创客贷"，等等。在把控风险的同时，力求给这部分群体一些金融助力。

这"5+"模式中，"党建"做引领，"金融"夯实经济基础，"生活"解决日常生产、生活场景问题，"文化"提升精神层面，"扶贫"弥补短板，形成一个比较完整的普惠金融体系，构建起良好的区域小生态。而这背后，就是整合力的作用。

○ **赋能力**。赋能力是为某个主体赋予某种能力和能量。"赋能"这个词语近几年非常火爆，尤其在互联网行业。阿里巴巴参谋曾鸣曾经说：未来组织最重要的职能是赋能，而不是管理。其实，中小农商银行的这种能力由来已久，只是没有这样说。农村信用合作社的信用合作不就是一种相互赋能吗。本书想说的赋能力，主要包括两个方面，一是内部赋能，二是外部赋能。

外部赋能是中小农商银行与服务客户的相互赋能。这不是助人为乐，而是通过赋能，实现价值回流。这里有几个关键点：一是选中对象，不是谁都选，而是有批量获客、辐射带动的实力派客户；二是互相补位，你无他有，互取所需；三是互惠互利，能给双方带来业务增长，而不是一方受益，那样不会走远；四是着眼长远，能长期合作下去，不能只看短期效果。银行是最会算账的，但中小农商银行爱算"小账""短期账"，银行服务是一个过程，不是一笔买卖，还是要算大账、算长期账。

内部赋能主要是不同层级之间的递减授权和部门之间的"深井病"填平。这也涉及几个关键点：一是组织机构设置；二是流程再造，包括授权机制；三是奖惩体制；四是追责体系。关于授权，各家银行都有，所不同的是实质性授权，还是形式性授权。有的领导在贷款文件上不签字，名义上授权给下面，但发放哪笔贷款都是他说了算。因为人事任免权抓在他手里，这种授权迟早会出问题。关于部门协同，本书不同章节会有描述，也是中小农商银行普遍存在的问题，原因在于部门的设置是履职，而不是协同，体制机制没有保障部门之间形成协同的关系。理想的模式是：赛场模式，即零售职能部门要成为教练＋领队的角色，教练体现专业性，领队体现调动能力；各部门是教练组成员＋拉拉队，教练组成员是各自职能领域的专家，拉拉队是助力者，而不是观众、看客；支行和员工是赛场上的选手。有成绩的，支行和员工要披国旗、绕场一周，接受来自各方面的喝彩；成绩差的，要分析原因，是谁的职责谁想办法帮着解决，不能两手一摆，责任推开。

举个外部赋能的案例，BT 农商银行与当地的 YY 科技公司合作，为非连锁便利店赋能。该行给当地的"头部"非连锁便利店免费安装一套收银设备＋库管系统。对于超市来说，本身不是太愿意装这个系统。主要有这么几个方面的原因。一是微信等二维码就挺方便，而且及时到账，为什么还要装这个系统，又收手续费，还占地方；二是小超市搞什么库管系统，有什么卖什么，剩什么扔什么，这已经成为习惯。三是一些便利店的老板是因为没什么其他事可做，才开个便利店养家糊口，也没多少文化和认识，对新事物也不愿意接受，教育成本很高。这是在推广当中遇到的实际问题。该行没有大量地"撒胡椒面"，而是边推边辅导，成功一户做一户。一旦客户使用顺手，不出一周，客户就离不开这个系统，因为他已经忘记了货品的价格。这个时候，真正的黏度就建立起来了，主动权也就转移到了银行这边。当一家商户尝到甜头，其示范效应迅速传播。目前，安装了此系统的非连锁便利店，比不安装的多挣20%。增收的途径也来源于该系统的赋能，一是供应链采购打折，二是快递代收发费用，三是该行积分兑换的客户引流，四是金融产品推介的奖励。同时，这些商户在房租贷款、经营性贷款方面获得更多便利和额度、利率实惠，其会员也可以获得消费预授信。

对该行的回报包括：一是获客，包括商户，以及由此辐射的供应链商家、会员；二是活期存款；三是商户贷款和会员预授信，以及商户贷款的序时监测，实时预警功能增加；四是该行积分兑换的实用场所；五是宣传效应；六是活跃的客户公众号和线上商城；七是农商互动、城乡互动的站点；最后一点，也是最关键的一点，为搭建当地小生态建立"据点"，培养"关键人"。在这一次新冠肺炎疫情中，各类商户都按下了"暂停键"，唯独便利店没有，可以看出这个小小的"据点"里面有大大的文章可做。

○ **学习力。**学习力是把知识资源转化为知识资本的能力。好多企业在搞学习型组织建设，氛围很好，效果不好，原因在于学、习、力三个方面是割裂的。从我接触过的中小农商银行来看，常常可以看到两种极端：一种是非常"爱"学习，张口金融科技，闭口开放银行，一问落地哑口无言，一问细节大脑一片空白；另一种是不学习，认为学习无用，美其名曰实用主义，自我感觉良好。学习力是什么？本质就是竞争力，没听说不学习的组织可以有前途的。但是，学什么？怎么习？何为力？大有学问。这三个方面，笔者可以泛泛地谈一下。

"学"要学需要加强的、学没有见过的、学未来需要的。"习"要做可以落地的、做可以尝试的、做长远打"点"的。"力"有三个标志：没有落地执行就是浪费学习时间，没有落地效果就是虚伪学习；没有长远打算就没有掌握真谛。中小农商银行目前的中层以上干部主体是"60后""70后"，真正全日制文凭中，中专都很少，大部分是后来补充的学历。尤其是这个加速的时代，"80后"全日制也必须不断学习，何况之前的呢。中小农商银行作为一个组织，学习一定是学中干、干中学，这才是符合学习型组织的正确路径。

关于学习力的成功案例，个人感觉莫过于中国共产党。我认为，学习力才是中国共产党的真正厉害之处。比如，俄国十月革命是以工人为主体、以主要城市为目标的一场革命，一直以俄国为师的中国共产党在经历了失败后，敏锐地发现，不能这样干，中国的实际是以农民为主体、根据地更有生命力。于是，"农村包围城市"路线诞生。于是，"星星之火"，果然"可以燎原"。在这个过程中，马克思主义丢了吗？没丢，让被剥削者掌握政权也是共通的；这个过程中，形式一样吗？显然不一样。因此，中小农商银行的学习力，也要按照"主义不变、形式不拘"的路子学进去、干下去，这样才能产出想要的效果。如果只学习现象，不学习内在体系，没有深刻理解表象下的内核，比如到处参观各类主题银行、金融科技，不学习其业务背后的组织架构、考核机制、风险控制、系统支持、人力资源配给和能力提升等精神实质，更不会结合自身实际整合利用，这种学习是徒劳的，效果必然差强人意。

总之，这五种力量是做好当下中小农商银行的核心能力，也是中小农商银行由内而外突破的内生动力体系。没有这些能力支持，所有经营和管理可能局部起色，难以全面成功。这是本书的核心指导思想。看着简单，做起来复杂；听起来务虚，实则都是务实的东西；虽然无形，刀刀见血。思维力是思想牵引，没有这个能力就是盲干；发掘力是"眼睛"，没有这个能力就是盲人摸象。整合力是内功，不懂得整合就无法升级；赋能力是功法，没有这个能力就不能借力给力，只能是自娱自乐。学习力是精气神，是可以引爆个体和组织力量的密码，是走出封闭环境，开阔新视野、拥抱新趋势的可行方式，是真正的竞争力和长远发展动力。中小农商银行如果能够掌握这五种力量，并融会贯通，落地实现，相信一定可以在各自的领域内风生水起。

RETAIL
BANKING

第四节
后来者"追"上

　　中小农商银行转型零售也好，业务升级也好，一个最大的短板，就是金融科技。金融科技给银行带来了四大威胁：失去市场份额、利润压力、信息安全/隐私威胁、客户流失。可以说，哪一个对于中小农商银行来说，都是难以逾越的"大山"，见图2-3。

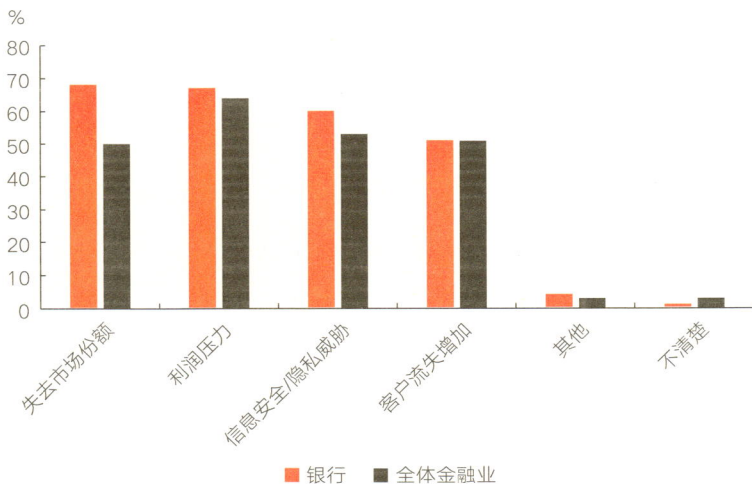

图 2-3　金融科技对银行的影响

（资料来源：根据公开资料整理）

　　但是，笔者听到的，都是各种概念，科技引领、科技创新，等等，希冀后来者居上。这很好，说明大家都往这方面想了，总比不想要强。虽然压力头上盖，脚步也要快。但既不能不动，也不能乱动。首先，从大的方面看，对于中小农商银行来说，可以后来者"追"上，未必能后来者居上。

好多同志跟我讲，小银行没活头，金融科技公司抢走了饭碗。我讲几个事实：美国的社区银行经历几轮经济周期，屹立不倒。杜晓山老师在给笔者的《倔强生长》一书作序时指出，北欧的信用合作类银行不仅不受经济危机影响，还逆势而上。互联网金融公司的个人类存款仅仅是银行体系的一个"小角角"，支付资金的笔数优势在互联网金融机构，但支付资金余额主体还在银行。因此，不要把金融科技搞得"神乎其神"，金融科技就是一套技术。银行一直是技术的领风气之先者，这几年的"败退"，不是银行不作为，是各自环境不同。对于互联网金融公司来讲，金融科技是"道"，是技术＋商业模式、组织架构、人力资源配置等"一整套"，不如此，它活不了。对于银行特别是中小农商银行来讲，目前只能是"术"，你能跟上时代步伐，用好就行了，期望科技引领、创新引领，材料上写写就行了，别自己逗自己玩儿，你的活法和环境与人家不一样。

因此，中小农商银行要重视金融科技，以及由此驱动的银行数字化转型的力量，既不必患得患失，杞人忧天，也不必夜郎自大，妄自菲薄，而是要正视，并做到"四清"：认清金融科技的本质，看清数字化转型的趋势，弄清自己的家底，理清工作的举措。

◌ **金融科技"尾随"策略。**事实上，中小农商银行在科技方面，一直都是"尾随"状态，跟在其他银行后面。

2000年之前，各家银行的计算机应用普及，ATM、信用卡管理系统、核心系统等前后台业务系统开始建设，推动业务流程再造，效率提高，可称为银行电子化阶段。这个时候，中小农商银行还处于手工作业阶段，互联互通都实现不了。2000年以后，移动互联、互联网大规模商用，由此引发渠道变革，触发金融业务形态和场景创新，海量信息产生和积淀，金融脱媒迹象初显，传统金融机构业务受到冲击。这个阶段可称为银行互联网化阶段。在这个阶段，中小农商银行在干什么呢，做银行电子化阶段的事情。近两年，随着 ABCD 等技术在金融领域的日渐成熟（见表 2-2），IT 软硬件及服务迎来从点到面的全方位升级迭代，数字银行战略兴起，金融行业内生性变革动力增强，围绕数据建设金融科技能力，银行步入数字化阶段。中小农商银行还没有完成互联网化阶段的追赶。

表 2-2　　　　　　　　　金融科技主要技术说明

技术	说明
（移动）互联网	实现传统金融功能线上化，是金融科技的底层技术。 应用场景：P2P、移动支付、金融网销。
大数据	通过对大量终端用户数据进行多维度多层次大数据分析，提供良好的数据基础。 应用场景：征信与风控、消费金融。
云计算	基于互联网的相关服务的增加、使用和交付模式，通常涉及通过互联网来提供动态易扩展且经常是虚拟化的资源。 应用场景：金融云计算、安全防护、数据灾备。
人工智能	人类制造的智能实体，包括计算机视觉、机器学习、自然语言处理、机器人技术、语音识别技术等。 应用场景：智能投顾、量化交易、AI+ 生物识别。
区块链	用分布式数据库识别、传播和记载信息的智能化对等网络。简单说就是一个去中心化的账本系统，具有可靠性、安全性、追溯性、开放性和经济性。 应用场景：数字货币、跨境支付与结算、反欺诈等。
生物识别	通过高科技，利用人体固有的生理特性（如指纹、面相、虹膜）和行为特征（如笔迹、声音、步态）来进行个人身份的鉴定。 应用场景：银行开户、刷脸取钱。

资料来源：联讯证券、网络资料。

追赶，是必须地，而且要同步跨越两个阶段。这是因为两个原因，一是技术快速迭代，具备后来者追上的可能；二是大环境变了，追不上那就是一场生死考验。

一场疫情，深刻地改变着国家治理体系，也改变着老百姓的生活方式。此次疫情抗击的阶段性成功，有两个关键：一是党的集中领导，中国社会主义制度的组织优势；二是我国数字化发展的技术保障。这次疫情必然是一个数字化时代的分水岭，过去是渐进式，下一步可能是"大跃进"。有人说，在可预见的未来，我们不再有后疫情时代，而是常疫情时代。这个咱不懂。但是，定义为大流行传染病对人类社会扰动的"蝙蝠效应"，应该会成为任何商业组织谋划变革必须考虑的重大风险变量，至少未来很长一段时间会如此。从一个较长的时间轴看，所有具有"密闭空间"和"人员聚集"特征的商业形态都将受到反复冲击直至解构。银行业也不例外，多网点的分销体系、集中式的信贷审批和科技开发模式将受到挑战。新冠肺炎疫情不是改变了银行业的发展趋势，而是确认和强化了数字化转型这个趋势，非接触社会必然加大零接触金融服务的需求。

这个时候，中小农商银行不是你转不转的问题，而是在这轮浪潮的裹挟下，你不得不进行数字化转型。就好比置身春运火车站人流中的你，想不动都难。

◌ **银行数字化趋势。** 新冠肺炎疫情对银行业的冲击，让银行特别是中小农商银行损失巨大，这必将更加坚定银行的数字化转型步伐，必将以银行数字化转型的巨大进步作为补偿。银行数字化转型会呈现出至少七种趋势。

一是数字化的进步，必然扩大普惠的范围，使"全民授信"成为一种可能，银行不会在你能证明自己不缺钱的时候借钱给你，也会在你不需要证明的时候主动给你额度。因此，获得信贷服务不再是少数人（头部客户）的"奢侈品"，而可能成为多数人（长尾客群）的"快消品"。在这种趋势下，受冲击最大的领域就是中小农商银行的传统服务客群。

二是未来的零售金融市场会急速分化，呈现出"马太效应"，全国性大型银行将凭借价格优势赢得零售金融下半场，赢家通吃，但对公业务可能冲击相对较小。中小农商银行对公不专业、没实力，零售又成本高、技术弱，应对这种趋势，难以招架。我们可以做个大胆预测，在未来的未来，多数中小农商银行极有可能"沦落"为其他大行的零售业务区域代理商。

三是新的业务模式产生，线下获客、线上作业的 O2O 模式有望成为银行业零售转型的主流。中小农商银行的网点、人员用好了可能成为优势，关键在于怎么用、怎么管。线下获客主要的表现，可能是客户经理把线下客户资源数字化，银行把用户流量私域化。

四是审批模式出现大的变化，人机结合的审批模式将成为银行的主要方案，包括对数据相对非饱和的客群。根据权威人士分析，机器管准入，体现客观性，解决 0 和 1；人工调额度和利率，体现主观能动性，解决 1 和 10。这方面做好了，中小农商银行据守一方，线上线下互动，反而可能具备比较优势。

五是金融科技逐步走下神坛，"技术扩散效应"加剧凸显，金融科技将从少数巨头拥有的专利，变为银行普遍拥有的技术红利，场景化获客、数字化风控、自动化审批将迅速成为行业标配，中小农商银行也不例外。

六是数据真正成为继土地、劳动、企业家精神、技术之后的又一个新的生产要素。国家倡导的供给侧结构性改革，往里深"挖"，其实是要素市场的深化改革。而信息时代，数据要素首当其冲。在这种背景下，一贯被认为是"白户"的农村客群，对其进行数字化作业的条件也已经具备。中小农商银行的挑战和机遇并存，挑战在于其他银行可以

"隔空直击"你的根据地，机遇在于你的线下优势可以得到进一步彰显。

七是省级联社在开放银行的背景下，首先务必要做到对内开放。当然，可以在充分评估的基础上，分类别、分阶段地开放。其次才是对外开放。省级联社应该支持中小农商银行以 API 的方式开放，而不应该继续大包大揽，"大一统"地对外开放。这也是一个方向，或者趋势。

客观地讲，中小农商银行迎合数字化转型，确实存在问题，既有人才不足、资源投入有限等自身问题，也存在部分省级联社将科技系统从技术手段异化为管理手段的问题。当然，还包括银行业一类户身份验证等共性监管要求。技术角度，没有不能干的。技术绝不是问题，问题还在于管理上。某农商银行将自身先进系统"自降身段"，接入落后的省级联社核心系统就是典型案例。那么，怎么办。要么"绕"着来，但经不起"穿透"，还可能违规违法。要么"嫁接"，在省级联社传统 IOE、集中部署的基础上，"嫁接"分布式的云服务架构。所谓"嫁接"，一种是省级联社核心系统能支持，也比较开放，直接技术接入；另一种是省级联社核心系统不具备接入条件，管理也比较封闭，可以考虑加入人工过渡方式。

总的来说，新时期中小农商银行做零售，要有天罗地网的思想。所谓"地网"就是要靠人海战术，所谓"天罗"就是要靠金融科技。既要进行传统业务转型，也要着眼于数字化转型，缺一不可。传统业务转型是当下主要的着力点，可以通过"五角模型"的训练，促动思维和能力的转变、落地与提升。同时，这种思维能力也影响着金融科技以及数字化转型的步伐。要把金融科技作为驱动力，数字化转型作为远景目标。靠金融科技进行数字化转型，就要转变传统打法，提供有力保障。国内金融科技的进步，使银行数字化转型具备扎实的基础。中小农商银行只要本着与时俱进的理念，采取管用好使的措施，追上这一轮科技浪潮是可能的。中小农商银行，加油！

RETAIL BANKING

第五节
线上线下一体化

当下，我国经济发展进入新周期，金融改革不断深化，互联网金融兴起，客群习惯发生巨大变化，使银行传统经营理念、服务方式等方面，尤其是信贷模式面临全新挑战。中小农商银行刚刚从信用社转制为银行，银行思维还没有成熟，就要更进一步上升为借助互联网金融思维进行精准营销，管理信贷风控，这个跨度确实不小。有必要从底层逻辑出发，理清自身市场定位和互联网金融优劣势，找出适合农商银行特点、兼顾短期和长期、统筹风险和发展的可行方式。

◯ **国家普惠金融的政策导向。** 党的十八届三中全会通过的《中共中央关于全面深化改革若干重大问题的决定》正式提出要"发展普惠金融"。党和国家的决策层对普惠金融的重视程度和推动力度前所未有，服务深度、服务广度及供给质效的要求不断提升。作为地方普惠金融的主力，中小农商银行必然要担负主要责任。但是，传统的线下拓展模式下，"普"和"惠"两端都存在实际困难。

"普"的方面。由于线下模式主要依靠人力，因此无形中加大了运营成本，且质效不尽如人意。以某农商银行为例，2019 年 150 名客户经理共计投放 13.88 亿元普惠类贷款，这在同业领域算是力度大的。但仅仅新增 2628 户，人均增加 17.5 户，人均月新增不到 2 户。主要原因在于客户经理把大量的时间放在存量客户的维护和"倒贷"上面。也就是说，无法突破人力边界。

"惠"的方面。由于信息不对称、客户获取困难，因此无形中加大了不良贷款比例，以及营销成本，这必然传导至客户的融资成本上，导致要么贷不上，要么利息高的两难困境。

一端是政策导向和自身职责的要求，必须做；另一端是做不到、做不好的实际。解决问题的方式是，在继续强化线下拓展力度的同时，务必在线上寻求突破，利用当下成熟的云计算、大数据、人工智能等科技手段，扩大普惠群体覆盖面，降低融资成本。

◎ **客户习惯改变的现实**。银行一直以来都强调以客户为中心的服务理念，过去，由于监管规范、股东回报、技术支撑等原因，有理念，难落地。这也是银行在互联网金融背景下全面败退的主要原因。根据权威统计，截至 2018 年末，全国手机用户超过 15.7 亿户，人均拥有手机 1.12 部，人均看手机 4.7 小时。客户行为的改变，也倒逼银行至少在六个方面作出改变，见表 2-3。

总体来看，银行面对着客户个性化、差异化、定制化的金融需求与银行标准化、封闭化的金融服务的矛盾，对于中小农商银行来说，标准化因为科技支撑等原因还未必做得到，封闭化由于体制等原因更难改变，面对客户新习惯导致的新需求，相比其他银行，差距越来越大。因此，农商银行必须要从"我有什么、给你什么"向"你要什么、我给什么"转变，加快利用金融科技手段步伐，在扩大覆盖范围、控制信贷风险的同时，增强客户体验，加快办贷效率。而后者在实际业务开展中，更加重要。

表 2-3　　　　　　　　客户需求与银行服务对比

客户需求		银行服务	
描述	特征	描述	特征
客户到店逐年下降，交易快速向线上迁移	线上	主要依赖网点获客，主要提供厅堂服务	线下
客户期待"一点接入、全程响应"协同穿透式服务	协同	产品分散在各部门，协同能力差，客户服务流程割裂	分散
在安全的前提下，追求便捷的服务体验	体验	防风险措施层层叠加，增加业务复杂度	风控
需求日新月异，要求产品快速响应	敏捷	难以满足互联网式海量并发及高效处理要求，开发机制难以支持快速迭代的敏捷业务需求	稳健
消费主权上升，个性化需求提高	个性	受业务架构及客户分层等制约，难以提供灵活弹性、因客定价、个性化服务	标准
金融服务更广泛地存在于生活场景当中	开放	产品及渠道体系较封闭，难以快速向外开放输出	封闭

◌ **金融科技的选择性应用。**中小农商银行的金融科技探索路上，有"三座大山"需要跨越，见图 2-4。

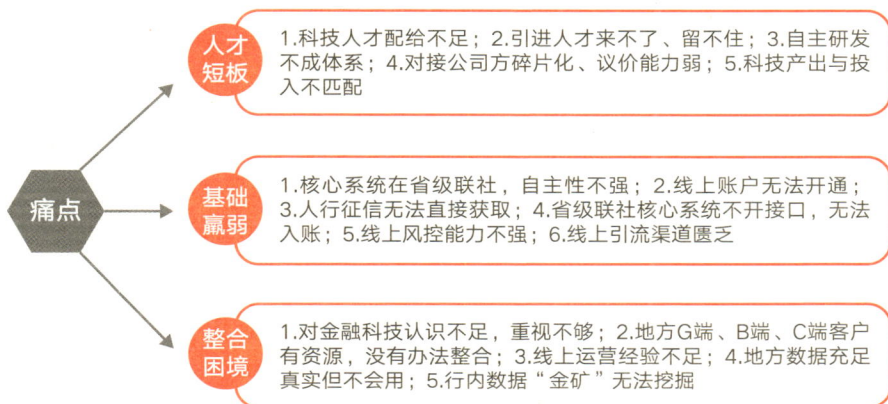

图 2-4　中小农商银行科技创新痛点分析

第一座大山是人才短板。中小农商银行的现状是，科技人才配给不足，一般每个中小农商银行的科技团队不超过 10 个人，有的仅仅一两名科技人员，勉强保证正常运维，根本谈不上研发。有的地方引进人才来不了、留不住，作用无法发挥，使金融科技讲起来头头是道，最终无法落地生根，更不能开花结果。金融科技竞争本质上是人才的竞争，甚至是稀有人才的竞争。这部分人才的收入近年来水涨船高，已经向团队产业化方向发展，中小农商银行靠传统的人力资源、薪酬管理模式，显然是做不到的。

第二座大山是基础羸弱，中小农商银行的核心系统在省级联社，自主性不强，在与省级联社沟通的时候，只会提要求不会谈需求。加之个别地区省级联社系统老化、思维封闭，无法充分满足基层法人机构的金融科技需要。当下，最紧要的还是系统接口的问题。不解决这个问题，中小农商银行必然是账外经营，这就不是合规的问题了，是违法的问题了。

第三座大山是整合困境。中小农商银行在地区局部是有一定比较优势的，比如决策链条短，人缘地缘好，各类资源多，等等。但是，怎样把行内数据挖掘出价值，怎样把手头拿到的 G 端、B 端、C 端数据利用起来，大多是有想法，没做法。其中，既缺支撑科技，也缺数据人才，更缺这方面的基础认识和顶层设计。

基于这种实际，中小农商银行应该本着"主义不变、形式不拘"的原则来主动作为。在省级联社的支持下，搭建云、网、端相衔接的技术体系。既要相互衔接，又要避免重复建设，不求大而全，只求小而美，要基于客户需求和自身实际，选择性地突出重点应用领域。前提是务必从过去的封闭视野向开放视野转变，从过去的机械思维向大数据思维转变，从过去自身包打天下向未来合作共赢转变，从过去的因果关系风控向相关性关系风控转变。

万变不离其宗。中小农商银行搞金融科技，要体现出金融与科技融合的"三变三不变"的本土化思想，即"变化"的是，理念从"以产品为中心"向"以客户为中心"转变，路径从由"资本驱动"向"技术驱动"转变，客群从"中高端客群"向"长尾客群"转变；"不变"的是，保持服务实体经济的宗旨不变，风险管理的核心不变，服从监管的理念不变。

○ **基于自身发展实际的理性研判。**互联网金融的优势是线上，客群是微小额贷款客户，线上风控既是其最大优势，也是最大风险点。中小农商银行的优势是线下，最大的短板是线上。只要把两者合理结合，一定会走出一条务实有效的路子。

中小农商银行线下信贷业务，在营销端面临渠道单一、获客困难、获客无法直接转化的问题；在风险上，由于信息不对称、信息全部来源于客户经理、调查主观性强、审批标准不统一等引起的道德风险突出；内部管理中存在业务流程长、客户经理工作量大，受客户经理能力及意愿影响因素多，效率低，业务流程难监控等现实问题。采取线上线下结合模式，既可以发挥互联网精准、快速营销，全面、科学的风险控制等优势，又可以通过人工干预、线下跟进，避免互联网金融的大概率违约事件，这是当下中小农商银行在现有客群定位、人力支撑、系统构架等实际状况下开展互联网信贷的现实选择。

中小农商银行在这方面的研判应该是，服务的客户是本土客户，因此，线下还是主体，线上是补充。客户"只跑一趟银行"，迎合监管导向，这种体验客户也是可以接受的，且可以通过人工＋科技的方式，提供和互联网金融不一样的体验。客户的授信额度要高于互联网金融，利率适当低于互联网金融，用额度、利率等优势弥补其他劣势。

总体而言，适应形势，拥抱变化是中小农商银行对待市场现状的基本态度。曲线救国，嫁接系统是可行"路数"。线上＋线下结合模式是现实选择。最难的点其实是"结合"。"结合"是为了简便，为了有效，为了体验，如果搞得更复杂了，那就事与愿违了。线上部分关键在于科技和数据，线下部分关键在于衔接和效率。线上部分靠人才来保证，线下部分靠机制来保证。而这两个部分共同的部分，要靠领导的统筹能力来保证。所谓统筹能力，实际上就是部门联动能力、人员调动能力，加上紧盯细节的作风。只要统筹到位，中小农商银行这只"小帆板"完全能够做到"直挂云帆济沧海"。

第六节
一张蓝图绘到底

想清楚了中小农商银行探索金融科技的底层逻辑，还要看清科技对银行的作用。在目前的阶段，科技对于银行来说，只能是业务支撑。说科技引领，对于大多数银行还是不现实的，而对于中小农商银行来说，不仅"不可即"，恐怕连"可望"都难。

银行零售业务主要包括三个方面：零售负债业务、零售资产业务和零售中间业务，每个业务大类又有多种分类方式。对于中小农商银行来说，目前急需金融科技支撑的业务，重点是负债和个人类贷款，其中，个人类贷款又是重点。同时，国家推动土地承包经营权抵押、产业互联网化趋势、客户线上线下新生态等实际状况，也需要金融科技来支撑。因此，中小农商银行在科技建设之初，进行必要的规划，以免走弯路，浪费钱，形不成体系，发挥不出综合效力。

图 2-5 是某农商银行金融科技规划的简图，基于云核心系统，分别从负债类业务、资产类业务和中间业务类三个方面进行规划，重点是资产类业务，其他两类业务作为补充。资产类业务又分别从存量与新增、信用与抵押等不同维度进行统筹安排。虽是简图，但一目了然，可以很好地看出这家银行的线上业务布局。

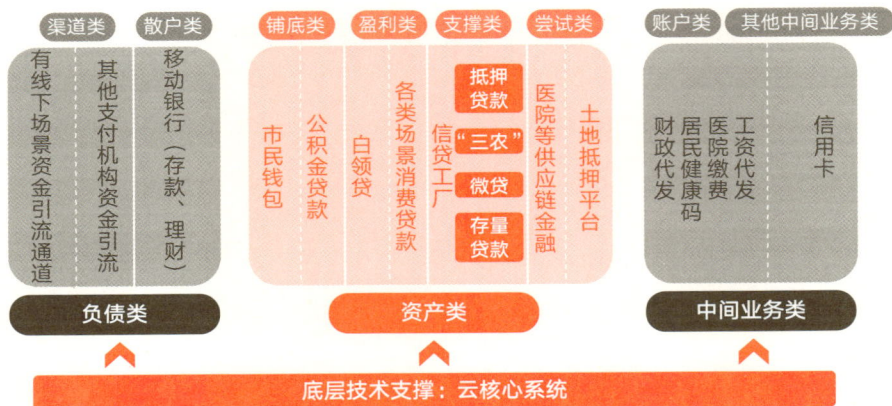

图 2-5　某农商银行金融科技规划简图

中小农商银行做线上业务，重点要考虑三个方面的因素。一是人行和监管部门的态度和要求。这两个机构的角度侧重于风险，需要协调的事项也比较多、比较细，但关键是 EAST 报送和反洗钱报送。根据《商业银行互联网贷款管理办法》，线上 + 线下模式不属于互联网贷款，这样还可以节省不少协调事项。二是省级联社的支持力度。有的省级联社思维开放，系统强大，足以支撑中小农商银行的业务诉求，云平台是可以省掉的，甚至都不需要搞金融科技，中小农商银行直接用好省级联社的科技抓手即可。也有些省级联社的系统建设年代久远，弱到支撑基本业务都问题不断。那么，就需要有一个中间的环节来承接，省级联社系统"后退"为记账并账的定位，其他由中小农商银行的私有云和自建系统来进行。三是中小农商银行自身的能力问题，包括在当地的数据获取能力、转化能力，风险控制能力，科技团队的专业能力，以及客群基数，等等。

关于第二个因素，要稍微展开一下，省级联社要本着开放和负责的态度来对待中小农商银行的金融科技探索。既要帮着做好评估和指导，特别是帮着报送监管相关文件和数据，又要放手让中小农商银行去尝试，成功了还可以在全省范围内推广。切不可大包大揽，也不要不闻不问。笔者对此有个"池子"理论，中小农商银行的自建系统，就是个"池子"，外端响应客户需求，内端连接省级联社系统，省级联社系统可以随时、自由进入"池子"抓取信息，而中小农商银行的自建系统未经批准不能进入省级联社系统。这样从理论上是可以破解目前省级联社和中小农商银行在科技上的"意见分歧"的。但回到现实中，还是要干，要尝试，埋怨不解决实际问题，等待不是正确态度。

总之，中小农商银行要想做好线上业务，一定要规划先行、统筹安排，可以参照中国人民银行印发的《金融科技（FinTech）发展规划（2019—2021年）》，把准国家倡导方向，找准落地重点项目，并重点在协调监管、对接省级联社、拓展客户覆盖面、抓好自身能力建设等方面统筹安排。据此规划，基本上问题不大。

03.

第三章
零售那些事儿 □

　　中小农商银行做零售，要具备点、线、面、体的思维和习惯，特别是要用体系化方式去统筹和推动。但核心是三个关键点：一是决策层面的定力和机制保证；二是执行层面特别是一线人员的能力提升；三是面向客户层面的产品和服务。其他事项，有的还有比较优势，比如网点覆盖面。有的是做不到，比如基于场景快速响应的消费分期体验，又如信用卡等业务没有资质开展。但是，站到客户角度看，其金融需求无外乎存贷汇几个方面。虽然有些业务领域较之过去发生了翻天覆地的变化，比如支付，但也不是没有办法解决。零售业务诸事繁杂，问题不断。在决策和执行层面一定要树立"办法总还是有"的理念去推动，千万别自己就把自己说服了，自己就给自己找干不成、做不到的借口。只要主意正，万事皆可行。就零售那些事儿，笔者出点主意。

第一节
零售升级"浮图塔"

"救人一命胜造七级浮图。"中小农商银行的使命是为最底层最需要金融服务的客户群体提供支持，不仅锦上添花，而且雪中送炭。虽比不上"救人一命"之功德，但也是功德无量。

○ **"浮图塔"理论。**中小农商银行的这份功德，是集体的智慧和共同努力的结果。这和做零售一样，考验的是一家银行的整体统筹能力，零售转型也是全行的转型，绝不是一个部门的转型。因此，有必要进行全体系的考量，既要有顶层设计，又要有务实举措。如此，才能保证在零售业务开展过程中，不至于缺东少西、东拉西扯，才不至于贻误战机、浪费资源，也才能真正呈现 1+1>2 的总体效果。

图 3-1 是笔者自创课程里的一张 PPT，虽然有点 low，却道明了中小农商银行零售业务升级实操层面的主要内容。如果说内生动力是这本书的"道"，那么，零售升级浮图塔就是"术"。其中，客户经营体系是这座塔供奉的"佛像"。所以，放在最中间的位置。上面的战略定力管理、体制机制体系和渠道建设体系，是中小农商银行零售业务的"顶层设计"，从上向下引导客户经营体系。下面的能力提升体系、实用产品体系和生态纵横体系，是中小农商银行零售业务的基础支撑，由下向上支撑客户经营体系。如此才能使以客户为中心的理念真正落到地上。

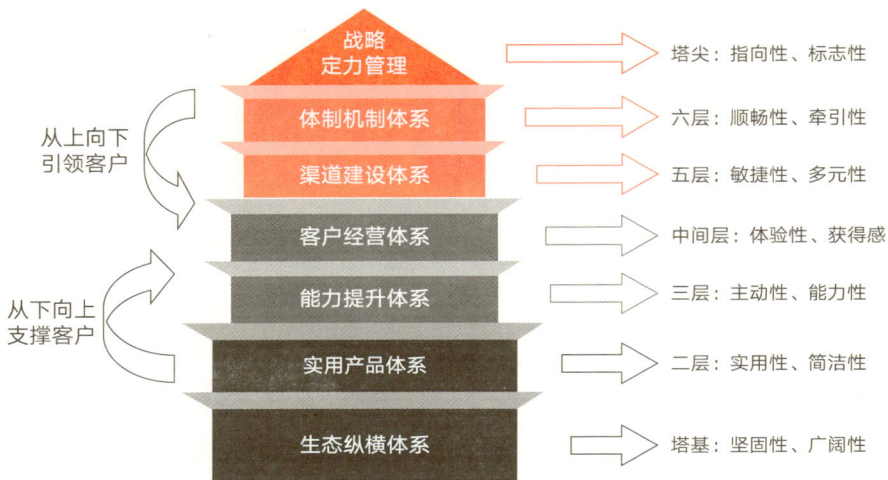

图 3-1　零售业务升级"浮图塔"

◎ **"浮图塔"体系。**"浮图塔"理论是一个体系，互相关联，缺一不可。

战略定力管理处于塔尖位置，这就是一种标志，其指向性非常明确。中小农商银行所有的业务，都要围绕着这个标志来开展。脱离这个标志，即使发展的规模很大，也会偏离轨道，因为你那点体量在国家"眼里"太微不足道了；而你定位服务的客群，国家的要求是"一个也不能少"。当然，你坚守定位，即使风险大一点，国家在关键的时候，也会"该出手时就出手"，不会不管不顾。中小农商银行不需要战略，但需要定力管理，而且非常需要。

体制机制这个体系解决的是零售业务的根本保障问题。好多中小农商银行在这方面容易忽视，其实这些问题不解决，其他业务层面的问题要么解决不了，要么解决不彻底。其两个关键特征是顺畅性和牵引性。何为顺畅性，就是能把中小农商银行这个"小帆板"的各个组件安排到位，特别是人的组合要合理。所谓牵引性，就是通过体制机制的激励和约束，让这一池子水活泛起来，既不能死水一潭，僵化固守，也不能偏离定位，朝秦暮楚。中小农商银行对大的体制动不了，但在自身局部小范围内是可以有作为的。

渠道建设体系在新的时代背景下，要重点体现出敏捷性和多元性。敏捷性重点是对于客户的服务需求响应要快，业务办理也要快，让小银行向快银行转变。多元性是要打通多种渠道，包括传统的线下网点渠道，也包括线上的新型渠道，还包括三方合作渠道，并实现渠道之间的无缝对接，让网点和其他渠道形成合力。

客户经营体系是要打造"性感银行"。不要多想，这是一种比喻。所谓"性"是体验性；所谓"感"，是获得感。中小农商银行要真正站在客户的角度想问题，结合自身的资源进行相应匹配，从管理客户向经营客户转变，让客户有精神和物质层面"双重收获"。客户、客户、还是客户，一定要成为经营理念的中心，而不是"配扮"。客户数量、有效客户数量、客户 AUM、流失率等细节性的指标，银行领导一定要如数家珍，要让员工充分理解指标指向，并与其收入息息相关。否则，以客户为中心就是一句空话、套话、假话。

能力提升体系是全员提高服务客户的能力，让这种能力和客户的需求能够合拍。这方面的不足，中小农商银行是普遍存在的。历史的惯性、区域的优势、人员的构成等状况决定了能力的现状。中小农商银行要承认和面对这个现状，既要通过内训师长期训练，也要针对突出的"短板"问题，通过第三方公司迅速补上。总之，能力不提升，一切皆为空。

实用产品体系主要是实用性为主、兼顾简洁性，尽可能地让产品会说话，变简单，打造出拳头产品，实现力出一孔的效果。要从过去的业务思维逐步向产品逻辑转变，业务是宽泛的，产品是聚焦的；业务是内部的，产品是对外的；业务是履职的，产品是营销的。由于逻辑不同，在设计、使用等链条中，也呈现出不同的方式，带来的效果也自然不同。过去中小农商银行是等客上门，高高在上。没有从客户的角度出发打造产品体系。产品体系的建立，应该从客群的角度出发，找准定位，谁需要我们，谁是我们的"菜"，重点研发适合谁的产品。白领人群应该从什么角度打造优势，购房人群更在乎什么，抵押业务的真正需求人群在哪里，等等。这些都应该是我们在打造产品体系时考虑的。要让产品有恰当的额度、合适的利率、简洁的流程，发挥我们小银行的优势。产品经理制是大多数中小农商银行的"盲区"，要引入和尝试这一机制，打破层级和部门壁垒，调动更多资源为产品服务。

生态纵横体系是基于客户生活场景而建设的，突出坚固性和广阔性，做不到银行服务无处不在，但可以做到处处可关联。中小农商银行的生态更多的是基于实地实情的小范围内的生态，重线下交互、重局部区域的生态，突出特点是借力给力，接地气，少投入，不同于互联网金融和大型银行侧重于"线上"生态体系建设。好多中小农商银行都在提"百年老店"的口号，没有生态，口号也就是个口号，难以成为现实。

干零售业务的人，有个普遍的特点，就是只会拉车，不会看路；只注重干具体事务，不注重总结提升。"浮图塔"是笔者根据多年的理论学习和业务实际总结出来的，不一定高大上，甚至还有些矫揉造作。但是，这一定是既会拉车也会看路的一种方法，希望能够帮助零售业务的实践者从实际业务到理论层面的全方位升级。

RETAIL BANKING

第二节
"我们需要战略还是策略"
——战略定力管理

多年前，笔者曾经在某个闭门会上讲到，中小农商银行的股份制改革，目的是引资、引智、引技，但绝不会把这一将近70年积累起来的资产简单折算就给"卖"了。无论是农信社，还是农商银行，资本是第二位的，第一位还是国家意志。现在看来，无论是党委会决策前置董事会决议的程序要求，还是凭借国家权力和信用支持形成的资本和应享有的权益纳入国家金融资本管理，都印证了笔者的观点。

那么，问题来了，为什么会这样？还是笔者在前面讲的，中小农商银行的战略，国家早就给你定好了，就是支农支小，普惠金融，不需要你再定什么战略，你需要做的，就是保持定力，把国家给你定的战略、交办的任务办实办好。换句话说，就是不需要另定战略，但需要策略落地。

下面从中小农商银行自身实际出发，做一个SWOT分析，见图3-2，该分析也能证明国家的战略是对的。你需要做的，是围绕这一定位主线，因地制宜，因时而变、动态管理。重点的话，重复一遍：中小农商银行不需要战略，需要战略定力管理。

机会

增长型战略

扭转型战略

数字化转型

零售业务升级

内部劣势 —————————→ 内部优势

防御型战略

护城河建设

多种经营战略

业务结构优化

威胁

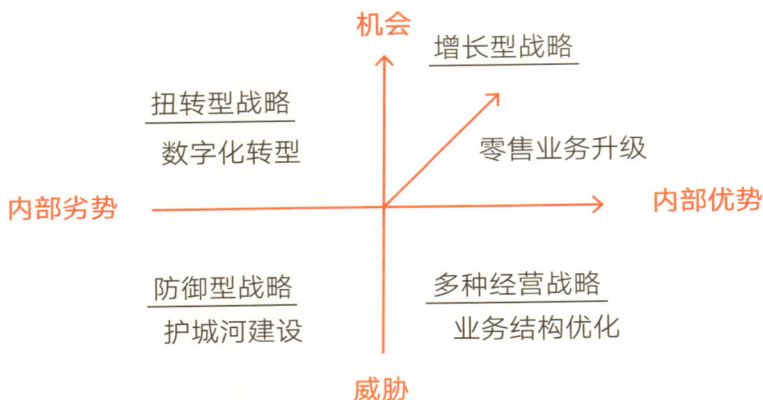

图 3-2 中小农商银行 SWOT 分析

下面我们从机会、威胁、内部优势、内部劣势四个方面进行科学分析。中小农商银行的内部优势和机会均在零售业务升级方向，这是增长型的策略。有内部优势，但也有威胁，那就要进行结构性优化，重点是零售业务、金融市场业务、对公业务如何搭配。是内部劣势，但不是没有机会，这个我们可以去尝试，比如数字化转型。既是内部劣势，也是一种威胁，就要建立护城河，采取防御性策略，这就是生态纵横体系建设的必要性。

无论是国家意志还是科学分析，正如前文所述，中小农商银行都应该把自己的定位明确为乡村社区银行，不要觉得土，这叫接地气。要保证这种定力"定得住""有力度"，还是要有具体举措，笔者不才，提几个试试。

○ **经营导向。**中小农商银行要把"两增两降"作为经营导向长期坚持。这是笔者的一个提法，不要和监管的提法混淆了。所谓"两增两降"，就是要增加各项存款，增加零售贷款，降低不良贷款，降低运营成本。对此，有人会说，尽想好事，存款那么好增加吗？零售贷款能放出去吗？不良和成本又能降下来吗？别吵吵，凡事预则立，不预则废。如果把你放到招商银行，这点事情还是事儿吗？如果把招商银行的行长放到你的行里，又能有怎样的作为？招商银行零售转型一转就是15年，现在还在转，从客户数到客户资产数，又到APP使用数，哪一个不是长期坚持"转"来的。

增加各项存款主要就是增加财政性存款、各类对公存款、各类贷款客户存款、各类合作方存款、个人存款、商户存款。这几类存款中，作为地方性银行，财政性存款还是有机会的吧。其他类型的存款更不要说。好多中小农商银行图省事，提高利率，大力增加个人存款，不注重对公贷款客户资金回笼和机构类客户存款拓展，不抓长远的、全面的存款，且拿着个人存款放着公司类贷款。不用看，经营导向出了问题，绝对算不过账来，经营业绩绝对好不到哪里去。即使好，也是昙花一现，不可持续。

增加零售贷款无外乎个人贷款、商户贷款、按揭贷款、消费贷款、小微企业贷款等几个主要类别的贷款。为什么放不出去，也无外乎几个原因：客群基础不够广，客户经理数量不足且不"给力"，产品不够地道，考核不够有力度。不管什么原因，总要分析原因，有针对性地解决问题，不能一遇上困难，就掉转马头，奔向其他方向。

降低不良贷款无非就那几种手段，什么内部清收、司法清收、外部清收、资产置换等。到了这个时候，都是扁鹊登场了，还是扁鹊他哥的治未病更适合中小农商银行。"不良决策"才是最大的不良啊。经营导向的风险有时候大于不良贷款本身的风险，一笔对公损失几年才能"补"上窟窿。同时，要管收，更要管放，一开始就有问题，后来想轻松解决，那不是事后诸葛亮吗？责任追究制也要定得符合实际，不要用

"扫堂腿"，那会寒了人心，造成的损失比那点钱金贵多了。

降低运营成本在于"一控一放"。控制费用要从预算管理开始，可以尝试包干制，但费用一定要透明化。放开费用不是让大家增加费用，而是通过网点综合性利用、人力资源最大化发挥作用等方式，做大业绩，"消化"费用。同时，通过总行集中化管理后勤保障事务等方式，提升效能，"集约"费用。个人觉得，中小农商银行降低运营成本，只能是尽力而为，因为许多固定支出是降不下来的。但是，有两个地方的花钱是不需要"控制"的，一是科技建设，二是员工培训。这好比给孩子的教育投资，用得好，将来的回报是意想不到的。

◌ **指标设定。** 从中小农商银行内部微观层面看，导致大家不愿意做零售的一个主要原因，是行里下达的指标。比如说，行里给下的存贷款指标是"天数"。那么，除非不想完成任务，只要还想，就只能从对公方面想办法。因此，指标的设定也是保持战略定力的支撑点之一。

以零售业务立行和见长的中小农商银行，零售业务的存贷款等"大指标"至少要占到全行各类业务指标分值 50% 以上。否则，怎么能够说得过去。而指标的设定，应该本着"三性"原则。

首先是目标的科学性。中小农商银行的指标要基于地方经济增长速度、本行在地方经济中占比、近三年同比增速、科技、人力和费用匹配等情况来科学测算，适当考虑重大利好等变数，比如地区拆迁、能人引入。

其次是指标的实用性。零售业务的特征就不是规模导向，你的定位也不能看规模大小，要看就看你在当地的服务覆盖面和对单体客户的服务深度。因此，要设置客户增长数量或者占比、有效客户、活跃客户占比、客户 / 网点资产管理规模、日均零售存款、零售贷款、零售利润、成本收入比、不良贷款比例、交叉销售率、客户流失率、归行率等这样的指标，千万别再设置那些规模类的指标啦，否则会让人"人格分裂"的，也会让业内的人笑话的。老农民打领带真不如戴个羊肚头巾，让人感觉舒服。规模性指标可以引导，但分值不宜过大。间接而来的指标体现可能比硬性"摊派"的指标更有效、更稳健。

最后就是指标的简洁性。根据发展阶段不同，要突出阶段性指标的指向性，让全员目标统一，不要设置过多指标。人的精力是有限的，注意力是聚焦的，弄得多了，下面的支行和员工眼花缭乱，端着枪不知道该往哪里瞄、往哪里打，必然变成"猴子掰玉米棒"了。

○ **人力资源。**毛主席说，政治路线确定以后，干部就是决定性因素。某知名公司领导人认为，真正伟大的企业，最核心的部门是人力资源部门。对于中小农商银行这个以人海战术为主要打法的小机构来说，管人、用人、育人、激励人尤其关键。但是，实际的境况是，大多数中小农商银行的人力资源部门就是个人事调配部门，上升到资源性管理，还差得很远。

对于战略定位管理，人力资源保障又是一个重要的支点。我的建议是，不要单设什么战略管理部之类的部门，中小农商银行搞这些都是花架子，把战略管理职能划归人力资源部门，并作为首要职责和主要职责。原因很简单，战略是要人执行的，战略定位是要团队坚守的，人力资源怎么调配，直接决定着中小农商银行零售业务的质效。

概括起来，中小农商银行在人力资源管理上要做到"配齐三条线、实现三转移"。

"配齐三条线"的"第一条线"是信贷经理条线，应该占到员工总数的 30% 以上，没有足够的前线作战人数，要么打不赢战斗，要么打赢也会"伤亡惨重"，留下许多不良。"第二条线"是大堂经理，应该实现网点全覆盖，个别农区或者业务笔数小的地方，暂时可以不用。这个角色实际上在以厅堂为主要营销和服务阵地的中小农商银行，是一个关键的角色。因为他们一头面对客户，一头调节内部工作人员。但在实际中，要么不配置，要么配置的人员都是"边缘人物"、临时人员，这就是没有抓住要点。"第三条线"是理财经理，在售卖理财的网点，要配置理财经理。因为这是要求一定的专业性的，理财已经打破刚兑，是有一定风险性的。同时，也是培育客户资产配置习惯，进而逐步迈向财富管理的稳妥方式。

"实现三转移"就是高柜人员向低柜人员转移、柜内向厅堂转移、厅堂人员向市场方向转移。要实现这三个"转移"，与核心系统、运营授权等环节都有关联。那有没有办法实现，我可以负责任地回答：有，关键是愿不愿、敢不敢干。这是一个必然趋势，迟干不如早干。

也有一些中小农商银行的领导意识到了人力资源是第一资源，但要真正挖掘出来这个"宝藏"，似乎方法不多。既然员工淘汰不掉，就好好用起来，差异化管理还是可以做得到的。

图 3-3 从意愿和能力两个维度做了分析。对于有意愿和有能力的员工，要给平台，给重要岗位，也要给责任、给压力。对于有能力但意愿低的员工，需要从精神和物质两个方向去激励和考核。对于想做事但本事小的员工，要加大培训力度。这部分员工培训好了，比前一种更有价值。最后一部分员工就是不愿干事、也没能力干事的员工，要合理利用，统筹使用。比如安排一些辅助性工作，或者直接"养"起来。因为这部分人"成事不足、败事有余"，给团队带来的负面影响，大于"养"起来的代价。这是中小农商银行的特色。你改不了，只能这么干。

图中文字：

高　　　有意愿做

培训　　授权

低　　　　　　　高　　有能力做

放弃　　激励

低

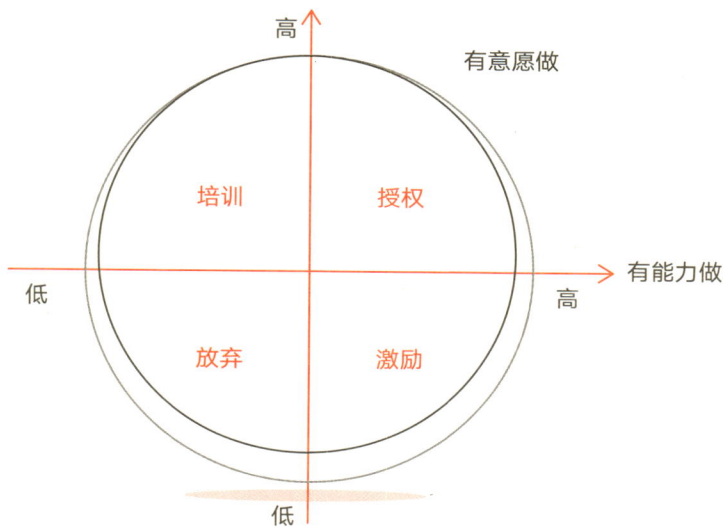

图 3-3　员工意愿与能力分析

○ **关键角色。**决定中小农商银行战略定位坚守得怎么样、零售业务做得好不好，有三个关键角色，一是"一把手"，二是分管领导，三是零售业务部门负责人。笔者姑且称之为关键角色。

有人把银行零售转型比作给高速行驶的汽车换轮胎。这个有点意思。中小农商银行如果长期坚守战略定位，在目前这种经济环境下，零售业务实际上已经彰显出了一定优势。但如果没有坚守，真的是要边行驶边"换"轮胎了。这没办法，出来混，总是要还的。

对于前一种情况，"一把手"的主要职责就是一以贯之，好上加好。如果偏离定位，"一把手"主要考虑的，应该是业务结构调整，以及资源匹配的问题了。总之，"老大"不容易，同志们多给力吧。

在零售业务开展过程中，看零售业务分管领导，有时也能看出这家银行是真做零售还是假做。因为零售业务的分管，是个"技术活儿"。各家情况不同，各个领导情况不同，但分管领导不同，效果也截然不同。"一把手"分管力度大，但象征意义大于实际意义，因为"一把手"很忙。行长便于协同部门，力度也够大，但各个条线手心手背都是肉，不能轻此薄彼。副行长里面，各管一摊，各有各的重点。比较合适的，还是第一副行长分管零售业务。零售业务不像其他业务"整张"，比较零碎、零散，上面安排的，下面请示的，内部沟通的，外部营销的，每天都有干不完的事儿。没有一个执行力强的副行长强力调度、及时拍板，好多事情不好整。零售业务的事项，不要说做了，就是光听汇报，也能把人累够呛。

结合新的形势，最好分管零售业务的领导，要同时分管运营和科技，零售业务做得好不好，客户业务办理快不快、服务的爽不爽，一半在于这两个部门的作为。对于客户来说，办一趟业务的感受基本代表了对这家银行的全部看法，哪一个环节出了问题，都直接影响着这种看法。客户营销好了，但客户体验感极差，或者连业务都办不过来，还不如不营销。因此，统筹起来分管，是能够产生总体效果的。

零售业务部门负责人的挑选，也源于零售业务的特点。对这个负责人有两个鲜明的要求：协调大于专业、担当大于能力。零售业务部门负责人肩膀上扛着指标，手里的权利却分散在各个部门，还要调动各个支行完任务，有点像是"业务办公室主任"的角色。对其首先要求是协调能力，专业度倒是次要的了。因为你是要带着大家一起打仗，不是你自己逞英雄。协调好了，就是众人拾柴火焰高。协调不好，就是戴着镣铐在奔跑。其次就是担当品质。业务千变万化，管理一把尺子，怎样在坚持原则和业务灵活中间寻求平衡，能力是次要的，担当是主要的。爱惜自己的羽毛，再大能力又能怎样。有条件要上，那叫履职。没有条件，创造条件也要上，才是担当。零售业务部门负责人更多的是面对"创造条件也要上"的局面，凡事等靠要，又怕得罪人，自己反而成了浪费发展机遇的"罪人"。

　　小结一下，对大多数中小农商银行来说，真的不需要什么战略，但国家给你的定位和赋予你的使命，是一定要坚守和完成的。这就需要有具体举措，经营导向、指标设定、人力资源、关键角色等都是基础支撑。无此，就是空中楼阁。

RETAIL
BANKING

第三节
"兵马未动机制先行"
——体制机制体系

————————————

　　体制机制体系是中小农商银行零售业务能否出成果的"四梁八柱"，也是能够彰显中小农商银行比较优势的根本保障。所谓体制，是中小农商银行内部组织层级和架构的设计。所谓机制，是中小农商银行针对组织体制配套的制度。体制是骨架，机制是筋肉。骨骼强壮，筋肉有力，才是健康的体魄。这个体系搭建好了，中小农商银行零售业务不发展都难，发展不好也难。这个体系搭建不好，那就只能看个人能力了，发展不发展、发展好不好，只能听天由命，变数无法确定。

　　一个完善的银行零售业务体制机制，应该具备"一个架构、五个权责"，见图3-4。"一个架构"核心要解决职能定位、架构设置和条线职责。"五个权责"主要是指标管控权责、人事权责、考核权责、财务权责和审批权责。中小农商银行如何结合自身特点设计，下面一起研究一下。

	关键模块	核心要素		
一个架构	组织架构	职能定位	架构设置	条线职责
五个权责	指标管控	目标设定		资源匹配
	人事权责	汇报路径	岗位归属	人员预算
	考核权责	指标考核		绩效分配
	财务权责	费用分配		
	审批权责	授信审批		

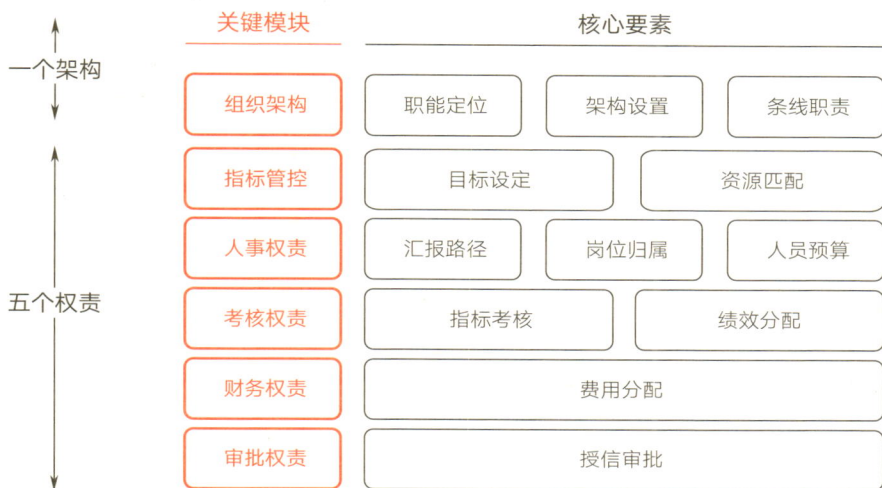

图 3-4 银行零售业务体制机制

○ **组织架构。**关于零售业务组织体系的搭建，方式比较多，有比较传统的部门制的，也有比较激进的事业部制的，也有介于两者中间的。笔者认为，比较适合中小农商银行的设计，首选当为大部制。

所谓大部制，就是对与零售关联的业务职能进行整合，成为一个总部的方式，定位为前台部门，"扛"指标，但不是直接"扛"，而是间接"扛"。这样设计有几个好处：一是便于关联业务职能的整合，在零售业务的主体部分形成合力，减少内耗；二是可以形成适当激励，虽然管理职能是主要的，但是因为要"扛"指标，要具备一定经营职能；三是总部制可以在部门层级上适当高于其他部门，这样既能突出主业，也便于统筹调动相关资源。当然，绝不是事业部制。笔者历来反对在中小农商银行采用事业部制，因为这不符合中小农商银行的定位。大部制是一种业务板块的概念，中小农商银行也可以在大部制项下分别设置普惠金融部（个金、微贷）、网金部等专业聚焦的部门，但需要板块的整体统筹。

大多数中小农商银行实行部门制，这也没什么。但必须加强部门联动。部门联动是一项必须加强的能力，特别是公私联动的能力。一方面是要"一把手"主导，行长亲力亲为；另一方面要从机制上保障这种能力的发挥。

在公司业务带动零售业务方面，包括但不限于以下几点：一是新增对公贷款必须匹配工资代发；二是对公存量贷款业务要逐个营销工资代发；三是工资代发的同时，选择优质客群，进行薪金类贷款批量授信；四是无法取得工资代发的，与贷款户工会组织等机构加强互动，进行二次营销；五是对于民生类企业、核心企业、连锁企业，利用其影响力，营销上下游企业及工资代发；六是配套移动服务车/设备现场办卡、现场激活；七是配套激励政策，零售业绩要独立考核公司部门；八是给予带动零售业务较好的对公业务一定的利率优惠。

零售业务带动公司业务方面，也包括但不限于以下几点：一是零售业务部门负责人参与对公业务审批会议，从源头上了解和监督对公业务带动零售情况；二是零售板块发掘好的对公企业，推荐对公部门，享受公司业务计价奖励；三是对公合作企业高管及"关键人"，匹配享受零售高端客户待遇。

在部门制下，各类管理权限全部分散到各个部门，如产品宣传归属办公室，风险政策归属风险部门，利率政策归属资产负债部门，费用政策归属财务部门，服务管理归属运营部门，人员调整、绩效管理归属人力资源部门，科技支撑归属科技部门，等等。因此，只要一个环节不到位，对于客户营销来说，就可能是"满盘皆输"的结果。为此，一定要确定一种工作机制：让听得见炮声的同志指挥战斗，让面向客户的部门有足够的调动能力。

同时，要在机关部门营造营销氛围，培养营销习惯，让坐在办公室里的人，体验前线冲锋陷阵的不容易，并将自身职能权力转化为营销成果。可以将全行营销的任务、产品标准化，对所有部门下达营销任务，在开展对外合作和交流时，业务营销是"前置程序""规定动作"。所不同的是，前台部门重奖重罚，中台部门有奖有罚，纪检、审计等部门只奖不罚。这些设计的初衷，就是用机制优化来弥补部门制的不足。

○ **权责设计**。配套大部制，要分别从指标权责、财务权责、考核权责、人事权责、审批权责等几个方面进行配套。否则，大部制就是有名无实，难有成效。

首先是指标管控权责。总行将指标下到零售业务部门，零售业务部门根据支行所处区域、主要任务、客群实际、人力资源状况、资源禀赋等，进一步分解任务到支行。这里面，有两个"博弈"，一是零售业务部门和总行的"博弈"，二是零售业务部门和支行之间的"博弈"。"博弈"的目的是让人心服口服，产生内生动力，而非"跳起来也摘不着苹果"，变成口是心非。这就需要抓住两个关键点，一是目标设定的科学性，二是目标与资源匹配的合理性。

其次是财务权责和考核权责。这两项权责紧密关联，因此放在一起谈。因为博弈，所以就要算好账，定好考核规则。总行应当对零售条线实行预算管理，预算内自主决策和使用。总行确定零售业务考核规则，零售业务部门要主导，且履行对支行的考核，考核结果报考核职能部门执行。绩效考核是好多中小农商银行促动业务发展、调动员工积极性的最直接、最有效的手段。遗憾的是，有些中小农商银行在这方面还存在通报不公开、兑现不及时等问题，没有最大化发挥绩效作用。

再次是人事权责。有的银行，零售业务部门能够主导零售条线人员的调动。我感觉，这不适合中小农商银行。现实的方式是，管事儿不管人，人的事儿还是让人力资源部门来管。有几个建议，一是零售任务完成情况实行支行行长任免的一票否决制；二是支行配备专职零售副行长，并由零售业务部门出具任命考核建议，支行行长有否决权；三是支行零售团队由零售业务部门主导营销管理，包括零售业务目标设定、标准销售流程、绩效考核等。这些建议只是一己之见，可以根据各自情况，创造性地设计，关键是让支行行长真抓零售，要让零售指标有人管、有人抓，也有人做，而且是逐步标准化地去做。

最后是审批权责。零售业务部门不建议审批贷款，但要管理和调控零售贷款审批权限。比如，某家支行零售贷款放得多、管得好，可以把权限适当上调。有的支行零售贷款不良高、人员配备也不足，可以适当下调审批权。通过零售贷款权限管理，在风险防控和营销激励两个方面均有所促动。

除了上面五项主要权责，还涉及一些其他权责。比如利率定价权责。一些具备条件的中小农商银行，已经引入 FTP，更多的还没有。我敢确定，即使引入了的，其 FTP 也不会太准确，因为中小农商银行和其他商业银行的经营逻辑不同，基础条件差异也很大，所以要参考，但是千万别当真。总行利率定价管理，要管住两头，即存款的高线和贷款的低线，具体产品定价要交给零售业务部门去权衡，由零售业务部门根据产品存量、增量预测、市场拓展等实际，实时动态作出调整。此外，还有风险指标、三方准入、产品推广、产品创新等权责，都要在总行的总体统筹下，授权到零售业务分管领导和业务部门，这样便于适应瞬息万变的零售市场环境，便于体现中小农商银行的灵活特色。但授权的同时，要定期监督和审计，保证灵活性和监督性的相互衔接。

◎ **"四项基本原则"**。在零售业务的组织架构、权责设计的基础上，总行层面也要进行总体的机制建设，这个虽然是全行性质的，但直接关系着零售业务的效果。笔者将其比作"四项基本原则"，就好比改革开放时期，经济建设是中心，但必须有"四项基本原则"作保障。

第一个原则是权责利对等原则。全行组织架构和机制设计都要遵循这个原则来实现。大多数中小农商银行，权力集中在总行及有关职能部门，但责任和利益在支行。比如，贷款放不放的权力在总行，贷款出了事情，责任在支行，虽然也会让支行享受贷款的计价收入。这种设计的畸形必然带来许多负面的影响，要么支行不干，不营销，要么只做抵押类稳妥的业务，抑制真实需求客户的金融满足。

第二个原则是灵活应变原则。客观地讲，好多中小农商银行得了"大企业病"，层级繁多，会议繁杂，流程繁琐，丢掉了独立法人的独特优势，还不如过去信用社时期的效果。同时，授权机制不明晰、不执行，"一把手"门口永远都是排队状态，法人治理变成了法人"统治"，导致一级推一级，一笔简单的业务，除了"一把手"拍板，没人愿担当、敢担当、能担当。

对此，笔者建议，采取以下几种方式推动。一是"多会"并"一会"。将董事会下设的各种委员会、经营层下设的各种委员会，尽可能地整合。小银行治理体系搞得和大银行一样，就变成了"俄罗斯套娃"，重形式轻实质。实在整合不了的，开会的时候，在非特殊情况下，大家可以集中在一起，一并议定，记录可以各做各的。中小农商银行决策的人就那些人，无非是这个会多个张三，那个会少个李四，别自己把自己搞复杂、整蒙圈儿。二是建立科学合理、便于调动多方面积极性的授权转授权机制。充分授权的实质是授"责"，配套推行前中后台部门的设置。前台部门实行条线化管理，条线化事项自行解决。零售业务部门也要给支行转授权，支行在转授权范围内一样自主决策、自行解决。总行中后台部门要把更多的精力放在专业指导和严格监督上面。三是建立每周行长办公会议制度。前台部门负责人列席会议，重点解决跨条线事项和前中后台联动事项。四是区域化整合基层机构，零售授信等权限充分授权一级支行。五是建立快速响应机制，利用新的技术手段，根据授权机制，对业务发展中出现的问题，及时由不同层级作出响应，并且真实留痕。

第三个原则是督察督办原则。效仿明代万历新政的"考成法"，整合党办、政办、董办等办公室职能，承担办公室职能的部门要分门别类建立督察督办机制，明确时效、责任人、效果反馈等情况，对应到奖罚机制中，让会议议定的事项掷地有声，也让支行和部门的反映事项及时得到回应。纪委办可以在行政效率、行风建设、作风整治等方面介入业务流程中，以政治高压促动业务推动。

第四个原则是奖罚对等的原则。中小农商银行需要建立自己的制度"总纲"，将各个板块、各类职责、各类事项尽可能细化和量化，对应奖罚明确的标准，按月通报奖罚情况并兑现在绩效考核当中。一定要有奖有罚、重奖重罚，好孩子可以是夸出来的，好员工不一定是夸出来的，但一定是"胡萝卜＋大棒"管理出来的。银行是经营性机构，要用数据说话，考核更多地让定量的标准分值超过定性的道德类分值，奖罚情况更要列为各类评优、职务晋升、职级晋级的主要依据。

邓小平同志讲，好的制度可以让坏的人变好；坏的制度可以让好的人变坏。中小农商银行的体制机制是基础和根本性质的支撑，需要根据自身情况认真摸索。不需要多么高大上，管用好使有效果就行。前面"五角模型"中提及的学习力，学的重点就应该是这些东西，这才是决定中小农商银行零售转型的内在动力，更加重要。没有这些支撑，其他都是纸上谈兵。

RETAIL BANKING

第四节
"新渠道新在哪里"
——渠道建设体系

笔者成书的过程中，看到了"券商中国"记者的一个报道。根据其梳理中国银保监会信息发现，在 2020 年 7 月份的第一个星期内（7 月 1—7 日），全国已有 34 家银行网点关停。而截至 6 月 30 日，2020 年上半年共有 1332 家银行网点关停，同比上涨 12.12%。

其实，这种趋势从 2011 年就已经开始了，将近十个年头啦。目前，银行网点的个人柜面业务占总业务量的比例已不足 5%，且持续下降。2016—2019 年银行业的平均离柜率分别为 84%、87.58%、88.67%、89.77%，多家国有银行和股份制银行的柜面交易替代率更是在 90% 以上。换言之，目前有接近九成的业务可以在柜台以外办理。广州农商银行统计，网点客户主要为中老年客户，年龄在 50 岁以上的客户占 57.4%。客户到网点办理的业务类型非常集中，主要是现金及补登存折等业务，占比超过七成，其中现金业务占比超过四成。图 3-5 是德清农商银行每月离柜率随时间变化情况，可以看出客户离柜率呈逐年上升的趋势。同时，人民银行已经开始在一些行业和地区试点数字货币，这意味着不远的将来，现金业务也将会大幅度"缩水"。

图 3-5　德清农商银行每月离柜率随时间变化情况

（资料来源：根据德清农商银行公开资料整理）

怎么办？麦肯锡研报认为，向智能网点转型能显著提升银行利润，而交易向线上迁移、自助服务技术以及缩小网点布局等措施也能实现降本增效。有权威专家也指出，银行应主动优化相关业务结构，只保留必需的线下业务，在客户结构上，未来承接的服务客户群体主要是中老年客户，网点未来的定位需要重点考虑；在区域分布上，城区网点业务量已经相对较小，而城郊或者乡镇核心网点业务量很大，乡镇将是物理网点服务的重点区域。

中小农商银行一直以网点为主渠道，面对这种形势，又该怎么办？笔者也有以下几点看法。

◌ **重新定位网点。**网点定位是中小农商银行零售业务的主要落地支撑，在一定程度上，网点如何定位，可以看出这家银行转型的深度。中小农商银行的网点大多是一代一代传下来的"管道"，且多数处于乡镇和城郊地区，虽然相比城区网点成本没那么高，但也是最昂贵的渠道。中小农商银行的主要着力点还是要放在怎么用好网点上。

怎么用好？这是个问题。笔者的建议，围绕乡村社区银行的这个大的定位，网点要从全部网点全功能转变为差异化功能设置，改变过去的网点什么业务都要干也都干不好的尴尬定位。

总体来讲，网点定位可以分为社区型、标准型、全功能型。对于为社区服务的少部分网点，要以社区型为主，主要做存款、理财等业务。对于服务范围相对较广的网点，要在社区型业务的基础上，加入零售贷款。一级支行的营业部和其他标杆性网点，可以做全功能型，进一步增加对公、小微等业务。支行做对公业务，一是要有专业的对公客户经理，二是要重点做可以带动零售业务的对公业务。对公业务相对少的，对公业务可以统一交回总行来做，但营销权和收益权要划给支行。小微团队要具备机动性和专业性，视作本区域的"机动部队"。还要配套建立不同的资源配置、考核办法等机制保障，让大家各司其职、各履其责。

新的时期，中小农商银行重新定位网点，要重点关注两个新的趋势。一是新零售业态的融合趋势。零售业务在我国大致经历了三个阶段，"人找货"，比如大型超市；"货找人"，比如网购；"人找货"＋现场消费，比如盒马鲜生等。那么，下一个阶段，会不会是"货找人"＋家庭制作呢？显然，是可能的。中小农商银行的网点能否充当货仓或者现场消费场所，可以研究一下。二是新业务模式的发展趋势。中小农商银行必然要在目前主要依靠传统手工作业模式的基础上，逐步向线上业务模式转型。这一过程中，网点的作用如何发挥，也要好好研究一下。

○ **提升网点价值。**至少在短时期内，网点依然是中小农商银行获取市场份额，尤其是存款份额的重要方式。有权威数据统计，银行网点80%~90% 的存款和收入，往往仅由 50%~60% 网点贡献。因此，要想办法提升网点的贡献度，特别是贡献度低于 50% 的网点。对此，笔者有几点建议。

一是作为深化客户关系的阵地。来网点固然不方便，但人是要生活的，不能所有事情都在线上办理。人也是有感情的，一场厅堂沙龙总要比线上无聊的买进卖出有意思吧？

二是作为交叉销售的场所。有个数据，准不准不好说，但也是个依据：超过 60% 以上的客户，更愿意在同一银行整合各种业务。网点应该是在整合这些业务方面有优势的，特别是欠发达地区和中老年客户。

三是获取信息的接触点。这方面可能没有线上来得那么直接，但应该更有温度，也更加全面。中小农商银行要建立信息获取的标准化要求和工具，为二次营销和线上业务打好基础。

四是线上线下交汇点。这一点是我最看重的中小农商银行网点的未来。从眼下看，基于一类账户的身份核验等监管要求还没有放开，贷款、理财"双录"等也没有放开，银行之间的身份验证也没有全部放开，因此，网点是有大作用的。

更为关键的是，下一步中小农商银行必然要开拓线上业务，对于一些贷款，技术还没有达到完全可以"风控"的水平，中小农商银行的反欺诈、数字化风控等技术也不具备这个能力。因此。线上线下结合的模式必然是现阶段的主要路径。有线下，就有了网点的用武之地，体现出了网点的价值。线下主要做什么？主要是客户信息建立、获客、放款、贷后等事项。大家不要以为这是既定打法，没有新意，这可是互联网金融机构"眼馋"的"肥肉"，也是大行不具备的优势。中小农商银行可不能只顾着看别人的好处，忘记了自己的优势，更不能"长别人志气，灭自己威风"啊。

◯ **尝试多渠道整合。**在网点这个核心渠道上，要努力整合各种渠道。

一是辅助渠道。所谓辅助，就是从旁帮助。自己能干得了、干得好的，当然不需要辅助了。自己做不到或者不划算的，辅助也是可以考虑的，不要总是以风险为借口，而要以开放态度、从目标达成来看待。主要是"两个重点"，第一个重点是银行不熟悉的业务，第二个重点是银行人员不足、成本不合算的业务的集中引流。比如支付领域客户拓展，可以考虑委托专业三方机构来协助。

二是电话渠道。可以与三大运营商合作，针对新客户进行专项业务营销，也可以自建电话营销系统，针对存量客户进行专项业务营销。客户到访网点后，后续电话跟进可以做成"标配"。

三是短信渠道。利用移动技术进行 2 公里范围内客群的短信群发与精准专项业务营销，维护客户的员工要定期短信提示，等等。这方面，笔者对比了新闻客户端、抖音、微信朋友圈等业务推送效应，短信的业务达成率是最高的。

四是线上渠道。对于省级联社统一上线的网银、电子银行等渠道，要提升客户的使用率、绑卡率、活跃度。已经具备线上贷款或者线上线下结合贷款业务的，可以为网点或者网点员工生成专属营销二维码，针对服务区域内的企事业单位、商户和客户，通过厅堂，或者外拓，进行大面积的营销。特别是一些有客户流量的场景，可以广泛布设营销二维码，将这个场景变成网点的分支渠道，将天罗地网计划落地为铺天盖地的营销攻势。但要强调的是，在国家相关部门管控加强的背景下，不管哪条线上渠道都要在合法的前提下去拓展，尤其是客户未知情况下的电话、短信营销。

五是公众号渠道。在实际调研中，好多中小农商银行的公众号关注量极少，活跃度极低，导致有好的业务、好的产品无法触达客户。宣传部门的创意，变成了员工的自娱自乐；产品部门的辛苦，常常是"养在闺中人不知"。

在当下社交无界的背景下，公众号这一渠道一定要好好利用起来。主要有几个方面的建议。一是考虑在银行公众号之外，再增加一个生活号，这有点像招商银行的两个 APP 的意思。增加生活号不是目的，目的是将银行的服务在线上切入客户线上生活中，引流到网点来。生活号相对高频，也比较柔性，比银行的公众号更加容易活粉。二是如果不愿意再增加公众号，就要加强银行公众号的活粉力度，包括但不限于公众号不间断地搞活动，提升客户关注公众号的内容创意，等等。千万别把公众号搞成"官宣"平台，那样没什么人看。三是给全员转发公众号下指标，尤其领导要带头。平均一个人朋友圈 200 人，再加上二次、三次等无数次转发的，本区域内的"响动"可想而知。

总之，新渠道新在传统网点的功能调整，新在线上线下的交互。新不是标新立异，而是立足自身实际，顺应客户需求，并以"新"来获得实际价值。

RETAIL
BANKING

第五节
"客户是谁的"——客户经营体系

客户是银行的"衣食父母"。这个好理解，没有客户，就不需要银行的服务。客户同时也是中小农商银行抗御风险的基础。这个要重点强调一下，没有众多客户的支撑，集中度太大，对于体量小、抗风险能力弱、管理相对粗放的中小农商银行来说，一有风吹草动，极容易陷入生死的边缘。可能有人会认为，中小农商银行在一个区域内特别是农村地区长期经营，已经在当地具备稳定的客群基础。一笔粮食直补，抑或其他补助，即使是其他银行营销的，也大多委托中小农商银行发到客户手中，让人人都有一张农商银行卡。这让中小农商银行形成了一种"幻觉"：我的客户。

客户是谁的？ 2019 年，14 家（6 家国有银行和 8 家全国性股份制银行）个人零售银行客户总数 40.5 亿人，按照 2020 中国总人口数量 14 亿人测算，平均一个人是 2.89 家银行的客户。2018 年末，中国人均 7.22 个银行账户。某知名互联网渠道数据显示，80% 的客户都有工商银行银行卡。从这些数据可以看出，客户不仅在你那里有业务，可能在别的行更多。银行的"自我"是银行，而银行的"本我"是银行服务。从客户的角度看，客户不需要银行，需要的是银行服务。因此，中小农商银行要摒弃"我的客户"的幻觉。客户不是谁的，是他 / 她自己的。

也要跳出以自我为中心的经营思维，围绕客户，在你有优势的方面履行银行"本我"的责任——银行服务。

打通了"客户是谁的"理念，接着就要打通第二个理念：银行服务是什么？银行服务是一个过程，不是一笔买卖。这是银行显著区别于其他服务的最大特征。一笔业务，比如贷款，从信息采集开始，到调查，到审查，到审批，到放款，到贷中结息，到还款，甚至催收，是一个复杂的过程，涉及环节、人员、资源甚多，不是"一个人在战斗"，是大家共同协作的"果实"。因此，银行服务考验的是银行整体的作战能力，不是某个人、某个产品的能力。

中小农商银行的服务，主要体现为客户当前的满意和长期忠诚。围绕这两个目标，要从业务与产品、工作与服务、营销策略、渠道和平台、沟通与关系、品牌与形象等多个维度一起使劲儿，见图 3-6。任何一环出了问题，都会影响整个服务过程的质量。

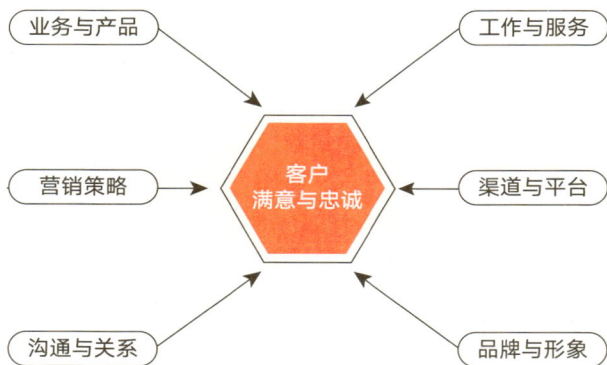

图 3-6　零售业务关键因素

（资料来源：根据公开资料整理）

以上两个目标，用银行人自己的话说，就是获客与活客。就像上面强调的一样，有一张贵行的银行卡，不代表已经获客，要和贵行发生了"关系"，使用了产品，才叫获客。同时，获客仅仅完成了第一步，只有长期使用你的产品和服务，才叫活客，才是真正的客户。

○ **获客。**对于中小农商银行来说，还是存款立行。那么，什么"立"存款？客户呀。没有足够的客户基础，没有足够的活跃客户，银行的成本和收入盈亏平衡点是很难达到的，见图3-7。

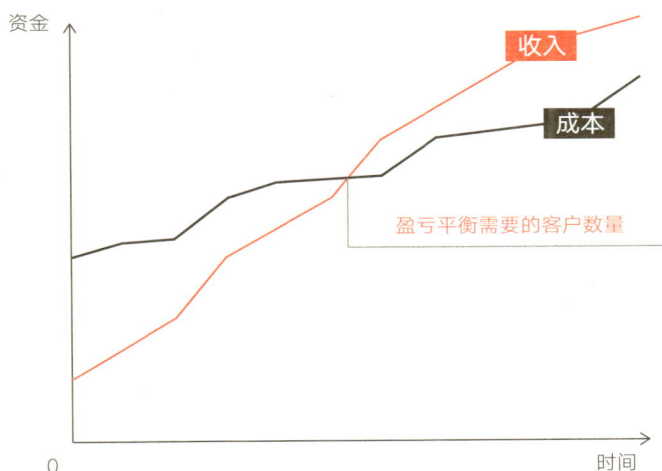

图 3-7　银行的成本和收入盈亏平衡图

我看了好多中小农商银行的考核办法，指标大多数是规模性指标，客户数量和质量的指标很少，甚至没有。我也常常和一些中小农商银行的负责人交流，提及客户数量，特别是活跃客户数量，常常是一脸茫然。大家还是习惯了看直接的、短期的指标，却忽略了间接的、长期的指标，这是中小农商银行零售转型的一道"坎儿"。就连招商银行、平安银行等零售"大咖"都一再强调和主抓这两项指标，中小农商银行却不重视，这就是典型的没有"穿透"零售业务的实质。当这些银行将客户全生命周期作为客户经营的主线，投入巨资，通过线上触达客户、促发客户使用产品行为，促成业绩达成的时候，中小农商银行该怎么做？值得每一个农商银行人好好思考。这个问题想通了，犹如抓住了"纲"，零售转型才能达到纲举目张的效果。

对于当地客群已经基本覆盖的中小农商银行，重点要在活客上下功夫。而对于城区型中小农商银行，获客才是第一步。获客的方式主要有两种，单个获客和批量获客。

单个获客重点是要走出去，重点拓展商户、社区，也有一些银行通过商圈、社区居委会、物业公司，将单个获客转化为批量获客的，这本质上是批量获取信息、单个营销，暂且按照单个获客方式进行阐释。单个获客要必备几个要件。

一是谁去拓客。这个当然是银行员工啦，实际上也不一定，可以把思维打开一点，比如委托有资质的第三方公司来做。不管谁去拓客，要提前设计好拓客对象、拓展业务内容、激励标准、保障支撑等事项。如果是员工拓客，要做好人员组合，至少是两人一组，一个信贷经理，一个理财经理，这样可以针对不同需求的客户在现场作出专业答复。当然，这个要根据网点情况，灵活组合，不必生拉硬套。如果是第三方，银行方要给第三方做好拳头产品的培训。在实际业务开展中，拓客最难的，不是沟通技巧，而是教育客户，只有用客户听得懂、算得过账来的方式，才能提高外拓达成率。

二是拓什么。登门拜客，进门是第一道关。一点实用的伴手礼是必要的，比如有的银行提供保单，有的银行提供挪车码，都是几元钱的成本。这很好，可以同步自然获取客户基本信息。重点是要拓展客户什么？对于商户来说，支付当然首当其冲啦。在这里要强调一点，中小农商银行一定要扭转传统理念：要存款，还要手续费，什么都想要的思维。支付领域，银行已经"沦陷"，这是事实，你必须得承认和接受。因此，要把手续费彻底免掉，就当是获客的成本费，这也比互联网获客而且成本低多啦。虽然微信等收款码满街都是，但毕竟提现还是有手续费的，也不如存入银行感觉心里踏实，只要把手续费"干掉"，银行是有优势的。JG 农商银行每年在手续费这块儿要往里贴补 1400 万元，但是，他们收获的是 7 万商户 18 亿元的活期存款，你说这笔账划算不？如果拿手续费和存款内部计价算账，算死也算不过账来。但如果从获客方面算综合账，可能思路一下子就打开了。

"羊毛出在羊身上。"中小农商银行光靠活期存款肯定是算不过账来的，除非基数足够大，就像上面的 JG 农商银行一样。重头戏还在贷款上，银行现在面对客户，也就这一方面还有点"尊严"吧。毕竟是贷款，"给"钱；揽储，那是"要"钱，还涉及隐私。无论是社区居民，还是商户，要主动进行预授信覆盖，这是中小农商银行占领阵地，发挥地推优势的好办法。对于社区居民，可以尝试用存款计价、贷款利息补贴物业费的方式。对于商户，可以尝试用存款、贷款转介绍费率抵顶商户贷款利息的方式。只要往深了做，零售还是很有意思的。只要贷款能跟上，就没有算不过来的账。

三是怎么管控。唉，一声叹息。银行员工外拓，常常是认认真真走形式。最难在于管控，那么多人"放"出去，去了哪里，在做什么，达到什么效果，等等，这是很难标准化的，也是很难甄别的。但这不是不出去的借口，只要有耐心，只要能坚持，走形式走习惯了，就走出本事来了，走成真的了。同时，要"上手段"。TZ 科技公司的外拓营销系统可以看看，从网格化地图的划定，网格化范围内商户的提取，外拓人员的 GPS 定位，外拓内容的标准化收集，后续评价，绩效考核兑现等一系列内容，全部由科技系统提供支撑，让过去的"走秀"监控变成现实，对于外拓的管理，确实有实际助益。

批量获客是做好零售业务的捷径，这也是银行业竞争最激烈的领域。其中，又以工资代发板块最为激烈。对此，中小农商银行可以大致划分两类来拓展。对于机关、企事业单位的工资代发，要靠单位的平台作用，以对公贷款、税务缴纳等方式进行整体撬动。对一般性单位，要充分发挥地方银行的信息灵通、人情链接等优势。根据六度空间理论，最多通过 6 个中间人，你就能够认识任何一个陌生人。何况农商银行有"高人"，地方资源优势大，再配上对公贷款资源和领导站台，这事儿也能成。特别是劳务公司、大型商超等人口密度大的工资代发，更要重点突破。某农商银行用外包总行大楼和网点清洁换取物业服务公司工资代发，用员工福利费、客户积分兑换换取当地最大商超的工资代发，这些做法都值得借鉴。

⊙ **活客。**我抽取少部分中小农商银行的不动户，简单地测算过，普遍的睡眠户占 70% 左右，高价值客户占比为 10% 左右。因此，对于中小农商银行来说，有时候活客的价值大于获客。

怎么活客？对于中小农商银行来说，主要有以下几点。

一是方法对路。按照先进银行的理论，有 KYC（了解你的客户），有客户全生命周期管理，等等。对于中小农商银行来说，要有这方面的理念，也要借鉴地落地。比如 KYC 可以变成 KYA（了解你的服务区），中小农商银行进城了，想像过去走村入户那样，一家一户服务到，可能连小区大门也进不来，单元门就更进不去了。但是，你服务的网格化范围，你必须很了解，据此才能确定正确的打法。关键还是要方法对路。

图 3-8 是某农商银行针对存量客户的打法，一起来研究一下。这家银行把存量客户做了符合当地收入实际的分层，进行了分析和归类。针对不同层次客户，确定了有的放矢的维护策略，并明确了配套支撑方式。

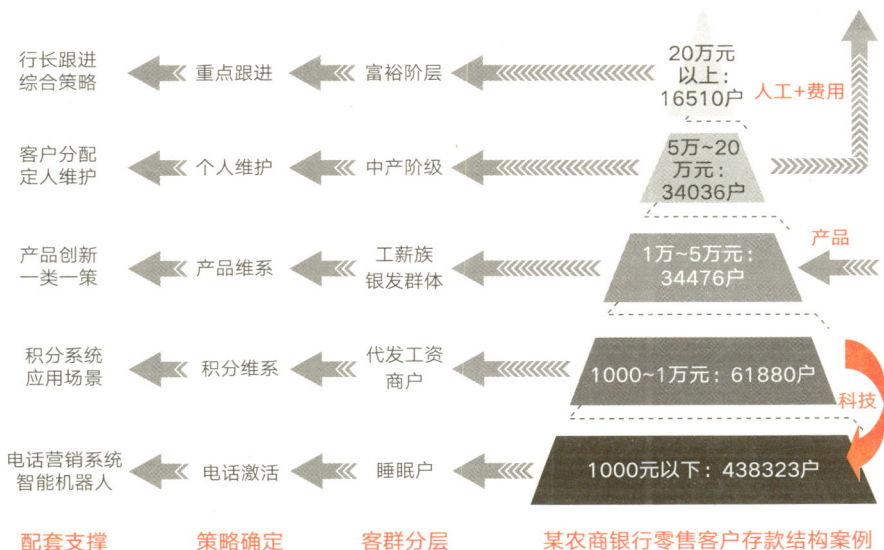

图 3-8 某农商银行存量客户分层和维护策略

对于最底层的 1000 元以下的客户，该行作为睡眠户来唤醒。这个量很大，40 多万户，靠人工显然是不行的。于是，上了电话营销系统，让柜面人员、理财经理在工作之余，针对目标群体进行电话联系，每天有规定的电话数、接通率等指标，按月进行排名通报，并同步在电话营销系统升级了智能机器人营销功能，基本可以做到全触达。

针对 1000 元到 1 万元的客户，确定是以代发工资和商户为主，采取积分系统进行维系，让他们感觉到一定的"甜头"。以上两类客群，数量大，重点用科技系统来支撑。

对于 1 万元到 5 万元的客户，以老年客群和部分高薪人群为主，以产品为主要维护手段，创新了一款在当地颇有影响力、九个月达到 40 多亿元的利率 + 积分存款产品。

对于 5 万元至 20 万元的中产、富裕客群，利用地方银行的特点，在营销费用上倾斜，加入员工维护、行长站台等实用、有温度的举措。

应该说，这些招数不新鲜，但是管用，这就够了。

二是交叉销售，让客户与银行业务捆绑在一起。三是活动不断，经常保持互动。四是生活圈建设，让客户在生活范围处处能看得见、用得上银行的金融服务。这三块，下面章节都会陆续讲到，这里不再重复。

关于客户经营涉及的内容还有很多，比如转介、"策反"，等等。各家中小农商银行的情况也大相径庭。比如，有的银行，理财和存款两条线，形成内部竞争，这就有必要引入客户 AUM 值考核了。经营如水，因势利导，没有标准答案。ZYCZ 咨询公司的卞老师针对移动互联网时代零售客户经营模式提出了"六化"：获客平台化、产品营销场景化、客户提升权益化、防流失护城河化、客户转介利益化、他行"策反"生活化。个人比较认同以上观点，有条件的中小农商银行，可以朝着这个方向努力。毕竟时代不同了，有些打法需要与时俱进。举个 DQ 农商银行数字化营销转型的闭环做法的例子，见图 3-9，可以学习借鉴一下。

在这个闭环中，第一步是 CRM 系统。主要的功能是客户分层和获得目标客户群。客户分层包括客户星级、拥有产品、客户归属机构、客户归属客户经理等。第二步是大数据分析。建立精准营销数据模型，获取目标客户的产品需求。通过历史客户基本属性和行为特征，整理归纳不同客户的产品需求规律，从而形成目标名单，包括存款、贷款、手机银行、网上银行、贷记卡、ETC、电费、微信财付通等。第三步是定量分析。展示客户 360 度视图和客户拥有产品、渠道使用情况，为营销提供尽可能详细的数据支持。第四步是综合营销平台。分发客户，反映营销成果和绩效考核。增加以客户为中心的综合业务营销，及时反馈关键产品营销情况，同时增加基本业务、其他信贷业务、电子银行业务和中间业务营销认领及考核，支持全员营销。第五步是移动 PAD 客户经理营销（厅堂营销）。以移动 PAD 为媒介开启客户经理精准营销和大堂人员厅堂营销相结合、主动和被动营销相结合的半自动化营销模式。第六步是绩效考核。以考核为抓手，实现客户及业务量的同步提升。

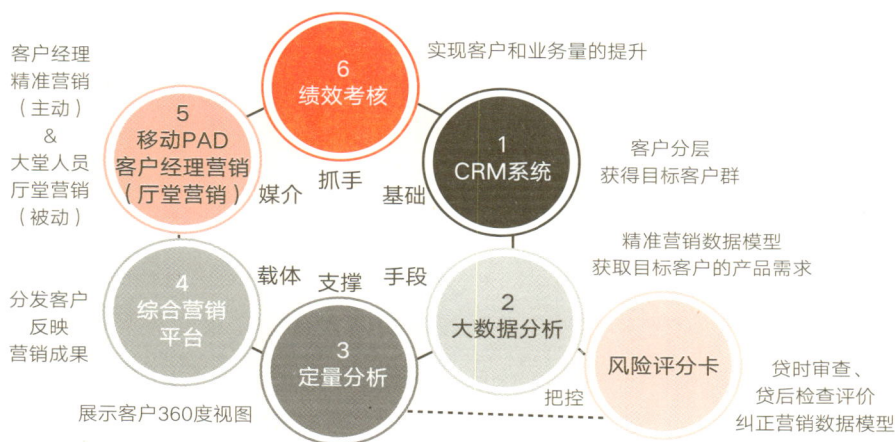

图 3-9　DQ 农商银行数字化营销转型闭环图

（资料来源：根据 DQ 农商银行公开资料整理）

通过这个案例，从一个角度可以看出，做零售，无论是线上还是线下，无论是传统做法还是数字化方式，都要用闭环思路和做法，也需要在不同板块加强这方面的能力建设。

总之，中小农商银行要从客户数量做起，变过去的客户管理为现在的经营客户。管理是以我为主的，经营是面向客户的，管理是有层级的，经营是平等的，管理是理所当然的，经营是有危机意识的。只有把客户基础打扎实、让客户活跃起来，才能走出一条由量到质，再到"智"的客户经营和业务发展道路。

RETAIL BANKING

第六节
新时期的"本领恐慌"
——能力提升体系

1939年，毛泽东在一次干部教育动员大会上讲话时指出："我们队伍里有一种恐慌，不是经济恐慌，也不是政治恐慌，而是本领恐慌。"他还把学习形象地比喻为"开铺子"，如存货不多，去一点，少一点，不久就要告罄了，不进货就要关门倒闭。当前，很多中小农商银行从过去的浮躁，迅速过渡到了现在的焦躁。焦躁的原因就是能力恐慌，感觉无法应对这个知识快速折旧、信息快速迭代的时代。

能力是个大范畴，可以是领导力，也可以是执行力，有许多种。这其中，对于中小农商银行来说，领导力是最最核心的能力。有的员工跟我讲，他们的"命运"有时候是一场"赌博"。遇上一个好领导，可以"红火"几年，摊上一个糟糕的领导，可能好多年难以"翻身"。遗憾的是，领导力这事儿不是一本书可以解决的，因为有领导才有领导力。而领导学问又岂是书本知识可以道明的，所谓读万卷书不如行万里路，行万里路不如阅人无数，阅人无数不如名师指路，名师指路不如自己感悟，大概说的就是这个道理。

基于此，咱们在实务能力提升方面多思考一点。前边讲过，战略不需要太多考虑，策略要多多考虑。许多中小农商银行请了咨询公司做整体架构设计、体制机制梳理，等等。我感觉这就是拿着一个模子去烙饼，样子一样，味道一样，就是不能适合各家行的口味。这方面的事情，还是需要自己的事情自己做，还是要由行里的决策者自己来决定；咨询公司的意见可以听一点，但一定要立足实际，以我为主。

但是，对于员工的能力提升，咨询公司确实是有帮助的，中小农商银行在这方面也是有历史欠账的，这是一个短板，需要补上。关于与咨询公司的合作，笔者的建议是，要选择了解农商银行体系的机构，不要被各种大牌给唬住，不要被各种高大上的理论给忽悠了。我所接触的TG 咨询公司曾经给 LC 农商银行做辅导，效果就非常好，师资也都比较了解农商银行实际。对于这一类的咨询机构，可以考虑整体或者局部项目合作。图 3-10 是某知名咨询公司给所有银行提出的业务能力图，显得非常专业，但让中小农商银行看得稀里糊涂，好像都讲到了，又好像和自己的实际合不上。

图 3-10 零售银行业务能力图
（资料来源：根据公开资料整理）

根据笔者所掌握的情况，中小农商银行在以下几个方面的能力，可以有重点地提升一下，可能更实用一些。

⃝ **网点营销能力。**营销能力的前提是营销意识。笔者听过一个农商银行的"一把手"讲话，他把自己比作首席客户经理。有这种理念，营销工作做不好是不可能的。但中小农商银行的营销，重点还是要发动群众，靠大家一起营销。前面提到的网点功能转型，其核心在于岗位角色的转型。网点营销能力本质上也是岗位营销能力。笔者建议，中小农商银行可以把所有员工全部改称客户经理。从客户角度看，都是为他们服务的。内部可以有分工，对客户是一致的。主要是下面几个角色，并要有的放矢地进行能力提升。

一是大堂经理。这个角色定位是厅堂的"指挥家"，要选择经验丰富、业务全面、亲和力强的员工担任，并给予一定职级待遇，列为支行行长的梯队人选。其职责是负责厅堂人员调度、客户动线设计、网点机具等资源安排、厅堂沙龙、微沙龙组织等职责，负责厅堂人员交叉销售业绩分解、认领和考核，负责多渠道落地网点的统筹协调，负责所在网点客户的分层细化和执行有针对性的营销方案。支行行长或者副行长每周要兼职这个岗位半天以上时间。这个主角的"戏"唱好了，这家支行的经营和管理也差不到哪里去。比如，笔者曾经调研的一个支行，大堂经理是个年长的大姐，每当业务多了办不过来，她就在厅堂里组织个小的演唱会，把产品串进歌词里，搞得排上号的客户，都顾不上去办业务，非要等她表演完。虽然不像专业机构说的那么高大上，但是客户认可就好。

二是信贷经理。这个角色的定位是交叉销售的主力军。信贷经理掌握着中小农商银行最优质的信贷资源，这对客户营销有着无可比拟的优势。可以授予信贷经理上下浮动 10% 的贷款利率定价权，以此作为交叉销售的抓手；同时，建立利率浮动关联产品标准和费用体系，并将交叉销售作为信贷经理评先评优的主要条件之一。在中小农商银行，有个现象，大多支行行长都是客户经理出身，主要原因就是这个群体的资源丰富。那就增加一条考核标准：能把这些资源利用起来，做好交叉销售的，才能列为支行行长的梯队人选。

三是柜面人员。这个角色的定位是"一句话营销执行者"。柜员的本职工作是为客户快速办理业务，业务笔数、时效、差错率等指标应该是主要考核指标。在此基础上，也要利用授权时间等空档期，进行一句话营销，并发挥面对面了解情况、信任情感优势促成营销。柜员与客户交流，可以使用标准话术，但更要因客而异，让客户舒坦是主要标准。面向客户侧柜台，要按照有利于柜员一句话营销产品来设计，这对于促成业务营销，有时候产生的作用是意想不到的。

四是理财经理。这个角色的定位是高端客户维护者。这要选择专业素养相对较高的员工来干，不能顾及人情。大多数中小农商银行的VIP室是个摆设，由此理财岗位的作用就更大了。否则，大客户没人"照顾"了，更没有好的体验了。理财经理不是就办理财业务，是要重点维护存款类、理财类的大客户，要看 AUM 值。同时，理财计价与存款计价要统筹协调，合理引导客户理财与存款搭配，并进行深度挖掘。在此基础上，根据行内外资源，为大客户进行资产配置。为什么要把理财经理的主要资产配置职责放到最后，原因在于人员的专业度、产品的支撑度方面，中小农商银行还是存在短板的。好多中小农商银行都看好财富管理这一业务板块，理论上没错，但实际上不行。这就是笔者不看好中小农商银行当下搞财富管理的原因，除非在产品创新和客户体验等方面有明显优势。

网点营销能力提升的一个标志，是交叉销售能力。而交叉销售能力本质上是算账能力和客户服务能力。中小农商银行目前存在的一个共性问题，是管得太死，统得太紧，不管农区、城区，还是郊区，所有政策一视同仁。这就不是实事求是，不是因地制宜，而要差异经营、区别对待。政策制定者不要怕得罪人。交叉销售涉及存贷款利率、中间收入等不同业务收入，要本着"哪里挣回来的都是钱"的理念，给支行一定的空间，便于支行在面对客户的时候，因人而异设计营销策略，让"挣钱"变成服务客户的综合能力。

对于交叉销售，在目前的状况下，许多中小农商银行的科技系统支撑不足，容易产生糊涂账，甚至寻租等问题。化小空间，下压责任，以网点为单位来做，是可落地的一种方式。总行可以统一理念、制定政策、跟进辅导、确定奖罚标准和兑现绩效，以及进行结果运用。其余的事项，让支行来调度。就交叉销售的产品组合，可以参考表 3-1。

表 3-1　　　　　　　　　交叉销售产品组合

客群	产品组合
工薪族	零存整取＋薪金贷＋手机银行＋支付绑卡＋积分商城＋贵金属（特惠）＋保管箱（特惠）
商户	活期存款（配置积分）＋支付类贷款＋免费支付＋手机银行＋支付绑卡＋积分商城＋贵金属（特惠）
农户	定期存款＋农贷＋手机银行＋支付绑卡＋贵金属（特惠）
银发客群	零存整取／整存整取＋积分商城＋保管箱＋贵金属（特惠）

产品组合是一种套餐形式，不代表不能单独售卖，只是性价比更高了一点。比如，对于一定存款金额的客户，保管箱是要赠送的，也可以置换贵金属。对于习惯手机支付的客户，一定要有绑卡率的要求，具备条件的，还要考核绑卡使用率，这样才能让客户使用你行的金融服务变为一种习惯，所谓黏性也由此而生。又如，一些农区的客群，大多

是中老年，对贵金属是有需要的，甚至还互相攀比。也有的地方，有高寿、过世老人佩戴贵金属的风俗，这些都是营销的机会。只要肯下功夫，机会无处不在。

◎ **支行行长经营能力。**"郡县治，则天下治。"支行就是中小农商银行的"郡县"。而支行行长就是"关键少数"。"上面千条线，下面一根针。""这根针"的"针眼儿"就是支行行长。支行行长的作为直接关系着总行大政方针在这一支行的落地情况，也决定着这一个团队和支行的战斗力。支行行长虽小，要求不低，至少得有四个方面的能力。

首先，要有读写文件的能力。这是一个基本素质。虽然在经营和管理为主的银行体系，这不是主要的，但没有这项能力，就像缺腿的桌子，怎么支架，总是不好用。支行行长只有读懂总行下发文件的真正意图，并能结合自身实际，才能创造性地开展工作。只有及时总结工作经验，亲自动手，才能锻炼驾驭全局的意识，理清思路，并迅速提升综合能力。好多支行行长是干将，却不能成长为帅才，区别主要在此。因此，这方面的能力，要专门训练。

其次，要有关注报表的能力。这是一项专业能力要求。支行行长只有持续关注存贷款、利润等报表，才能找准工作短板，及时补上。只有看得懂商户使用支付等情况，才能及时有的放矢地采取措施。只有关注绩效考核等情况，才能选树标杆、激励后进。中小农商银行的支行行长大多整天埋头应酬客户，往往把这些事情交给了其他人去做，实际是"丢了西瓜捡芝麻"。

再次，要有熟知客户的能力。这是一项提升业绩的手段。支行行长要关注客户变动情况，特别是大额客户，要与员工一道维护客户，听取一线意见，要熟知行内政策、工具、产品的关键要素，及时响应客户需求。支行行长一个电话，有时比员工跑八趟都管用。在一些地区，对于某些客户，进门就能叫上客户名字，这份尊严有时比给点实惠都有效。

最后，要有激励和约束员工的能力。这是一项管理手段。支行行长要熟知每个员工的性格特点、家庭背景、社会资源，创造员工发挥价值、弥补不足的平台。要定期团建，形式不限，哪怕就是吃顿饭。要实时开展家访活动，特别是取得业绩的时候，让员工全家感受荣誉。同时，对于每一个员工的每一个问题，要做到不中庸、不苟且、不放弃。有的支行行长跟我讲，老员工指不动，新员工用不上，不老不小"出狼相"（找茬的意思）。说得跟顺口溜似得，但我只想说一句：那要你干吗？

○ **发动群众能力**。中国共产党能够取得政权，并带领中国人民站起来、富起来，正在强起来，一项关键能力就是发动群众的能力。这次疫情，这项能力体现得更加淋漓尽致。中小农商银行也在学习和借鉴这种能力，大多都在搞各类营销活动。大家的方式，大多是总行开个启动会，支行开个传达会，一级一级往下传达。这就好比传话游戏，很难真正将总行意图触达每一个员工，也很难调动起每一个人的参与感和积极性。

笔者参与这方面的能力训练不少，大多是当时起作用，人人慷慨激昂，第二天效果就损失一半，一个月后基本就"回到了解放前"。什么原因？死记硬背，不如掌握学习方法。

中小农商银行发动群众的方法，笔者认为就是四个字：群策群力。展开来讲，就是要打破官僚主义，不同层级、不同部门的员工、管理者共聚一堂，对关注的核心问题献计献策，整合成为系统思路，形成具体的行动计划，最后通过公开会议优化方案，付诸实施。这有什么好处？至少有四点。一是将决策的权力从少数人转移给多数人。决策是大家定的，执行的时候就不会不清楚，更不会带着情绪去执行。二是每个人的智慧进行了碰撞和交融，容易互相弥补不足，形成合力效应。三是在学习中工作，在工作中学习，理论联系实际，能够快速提升能力。四是能够有效、快速解决跨部门的扯皮推诿问题。

那么，具体怎么做呢？主要是六个步骤：描绘愿景、SWOT 分析、作出承诺、团队共创、行动计划、公开会议。下面，分别来介绍一下。

第一步是描绘愿景。对于愿景的要求是真实、积极、感性、具体。参与人员以小组为单位，画出项目完成后庆功会的场景。这个步骤的理论基础是：21 世纪领导模式主要是大范围分享愿景。领导者的积极情绪，会唤起更多组织中个体的积极情绪，减少消极情绪，积极情绪会激发组织中更多的积极情绪元素，组织具备更多的协调性，并能够通过较少的资源整合来实现目标。

第二步是 SWOT 分析。这个步骤的要义在于知己知彼、百战不殆。可参照本章第二节"战略定力管理"的"SWOT 分析"。"优势"在于找出达成愿景可利用的能力、资源、技能等方面的东西。"劣势"在于找出你所缺乏的能力、资源和技能。"机会"在于技术的变化、新客户产生、新产品的问世、新市场出现等方面。"危机"在于市场惨烈、产品不足等。总之，对自己的"家底"做到明明白白。

第三步是作出承诺。围绕愿景，结合自身实际，作出令人可信、自己心里有底的承诺。这个承诺既要有一定的挑战性，也要有一定的可行性。同时，让大家共同见证，让工作变成"赢的游戏"。

第四步是团队共创。采取现场作业方式，以小组为单位进行。大致有几个关键点，首先是主题介绍，挖掘和聚焦问题；其次是头脑风暴，激发小组成员智慧；再次是归类组合，实现智慧交融；复次是提炼共性，形成主要对策；最后是最终决策，形成系统化思路。

第五步是行动计划。这一步要设计元素表格，将行动步骤、行动策略、责任人、期限等关键元素填入其中。这个表要张贴在不同的工作场合，时时刻刻提醒和指导大家的行动，并保持一致行动计划。

第六步是公开会议。这既是公开宣言，也是一个"挑毛病"的过程。由银行领导及与会人员，向小组成员提出问题，目的是引发争辩，引发思考，体现领导意图，接受"旁观者"的建议。

通过上述六步，最终目的是让大家科学合理地分析境况、分析目标，让大家心甘情愿地接受任务，并在完成任务的过程中，主动创新，主动担责，主动思考。同时，让一些决策集体思考、快速落地。

中小农商银行可以根据实际情况，分不同层级、不同范围分别组织，一直到网点。这方面，笔者还是一个小学生，国内的好多咨询公司称之为行动学习，JZX 管理公司的刘老师是国内行动学习的倡导者，也有许多银行业成功的案例，大家可以自行组织，也可以邀请老师辅导，最终要学会这种方法。只要能够熟练利用这种方法，对于人海战术的效果会有质的提升。

◯ **活动组织能力。**除了日常营销，总行或者一级支行不间断地组织活动，也是不断促动、不断激励的必不可少的动作。中小农商银行现在基本上从过去的"坐等客上门"转变为"主动走出去"，好多中小农商银行还搞四季营销，活动不断。比如，某农商银行首季开门红，次季零售贷款竞赛，三季度商户拓展会战，末季有效客户比拼。笔者认为，这个很好，人是需要不断鞭策的，业务也是需要分阶段、有重点地推动的。

怎样让大家激情燃烧，火焰不灭，势头不减，全年斗志昂扬，其实是非常难的一件事情。这里面，决定活动效果的因素有很多，包括总体目标确定多少合适，任务分解怎么才能做到各方满意，奖罚的尺度该如何把握，后续评估和总结如何才能持续产生效果，等等。比如，关于指标分解，曾经有人和我激烈讨论过这个问题，对方认为人人头上有指标，就是瞎胡闹，理由有两个，一是专业的人干专业的事，二是机关的人重在管理，不应该下营销指标。这些观点都没错。但我的观点是，中小农商银行的实际情况是，第一点还做不到，第二点不是指标的问题，是态度的问题。

有人曾经说过这样一句话：一流的方案三流的执行，不如三流的方案一流的执行。用在中小农商银行的营销活动组织上，非常契合。而决定活动执行力的主要因素，笔者认为是过程管控能力。因为这一端连着总行调度，一端连着支行进度，只有两级联动，才能体现出强大的执行力。

提升过程管控能力，要抓住三个关键点。第一点是周周调度会。这一周中，天天发报表，点评不能少。这叫抓早抓小、常抓常新。特别是"一把手"的点评，示范效果更加好。当然不是只发表情包，这样显得领导大脑太"官方"。第二点是月月复盘会。这个复盘，能用图的不用表，能用表的不发文，让大家一目了然地了解自己的"处境"。同时，要亮出红黄牌，及时兑现奖励，让人人有劲头。特别是让落后者公开表态，是非常奏效的一个办法，大概是脸面大于金钱的缘故吧。第三点是季度总结会。这个会上要有点仪式感，但不能太过形式化。有人跟我讲，有家公司给他们辅导开门红，授旗，走正步，领导检阅，还"领导好""同志们辛苦啦"，整的跟大阅兵似的。我感觉，这就有点过了。活动需要仪式感，但不要形式化。必要的奖惩是需要的，但搞得太鸡血，就成传销了。

市场竞争的残酷，能把银行给"逼疯"，于是，非金融营销应运而生，而网点是非金融营销的主要阵地。除了总行的阶段性活动，支行也可以根据自身实际，针对不同客群，有针对性地组织各类活动，这样可以扬长避短。总行可以统一对接一些资源，针对特定客群给予诸如"天天送牛奶、周周送蔬菜、月月送家政、年年送旅游"之类的权益。重点是支行要拿出大部分费用，不定期地、有针对性地组织各类活动。活动不是目的，通过活动促进销售是主要目的。表 3-2 是一些事实证明有效果的活动，可以参考一下。

表 3-2　　　　　　　　　　　非金融营销参考表

客群	活动项目
大众客群	周五惠民购、抓鸡蛋活动、手机特惠
亲子客群	小小银行家主题活动、育儿知识讲座、亲子教育课堂
老年客群	健康养生主题活动，防诈骗知识讲座，血糖、血压免费测量，义诊活动，特惠旅游
女性客群	财富自由大讲堂、健身美容讲座、插花等兴趣班、旗袍秀等协会类活动、特惠旅游
三农客群	农业知识讲座、农产品推广会、农产品内购会、特惠旅游、乡村旅游
高端客群	机场贵宾卡、保管箱体验、绿色就医通道、家政服务、生日蛋糕、高尔夫体验

◎ **增存能力**。揽存款，可能是每个银行人心头的"痛"。揽存的方式，无外乎以贷引存、产品撬动、关系拉动、增值引存、营销活动、创意设计。这些招数，好不好？好！至少能解决燃眉之急。但是，从长远看，还是要从关系揽存、高成本揽存向平台增存、机制增存、渠道增存转变。这样存款更加稳定了，银行人也"有尊严"了许多。

向谁揽存款，首先要向有钱人揽。这方面，在"客户经营体系"的"获客"片段里面已经讲了，就不再重复了。需要补充的是，对于代发工资，能从上面拿，更好；拿不着，就从底层拿。比如与这些单位的工会组织联合搞活动，以"福利费"的方式逐户"撬"过来。这个代价不怕大，因为工资数据的价值对线上贷款业务的作用是很大的。我觉得，只要贷款能跟上，不怕路子粗野一点。

除了有钱的，针对大众客户，图 3-11 有一定的参考价值。

存款业绩＝　客流量　×　客户转化率　×　存款金额×复购率

网点赋能　　管理赋能　　产品赋能

网点生态圈计划　营销管理计划　家庭银行计划

图 3-11　大众客户存款业绩提升图

存款业绩的提升，来源于四个方面，有多少客流量，又有多少转化率，转化成多少成果，且复购情况如何。而这些目标的达成，需要整体设计、逐项落地。其中，网点生态圈计划是以网点为半径的赋能引流，让客户有动力来网点；营销管理计划是银行内部标准的规定管理动作；家庭银行计划是围绕家庭设计的一整套赋能策略。这是典型的靠机制揽存的做法，整合了渠道、管理、产品等多方面的能力，可以尝试。

中小农商银行在做好传统增存的同时，还有一条增加存款的路径，就是线上引存。这方面，大家可以大胆尝试。因为政策的要求是：资金不出省、贷款不出县，可没说不让从外地引流存款。对于长期处于倒虹吸式资金状况的农村地区，我如果是政策制定者，可能还要鼓励这样的创新，毕竟是将资金引流到了更需要的地方。同时，中小农商银行还要放下顾虑，存款是从别人的兜里往银行转，就算是有风险，也是形式性风险，不会有实质性风险。当然，反洗钱风险是要充分考虑的。

线上引存，主要有两条路径：一是基于有场景商家的第三方支付公司合作模式。进账路径为：B 端商户→安装第三方支付机具→下载商户端 APP →商户自动转存余额→第三方支付公司账户→中小农商银行应解汇款。二是平台模式。进账路径为：C 端客户→登录平台→购买中小农商银行存款产品→资金打到银行指定支付公司→中小农商银行应解汇款账户。

总之，绕不开正规的第三方支付公司这条"腿"，这也是没有办法的办法。但线上引存主要还是算账问题。如果单纯从利率角度看，线上存款肯定远远高于线下，线上活期存款或者短期存款都能顶得上甚至超过线下的定期存款。但是，从成本角度看，线上存款基本上没有什么太多的费用，就是点系统费用和支付公司的费用，而线下除了资金成本，还有庞大的运营成本、固定资产成本、人员费用等。

在这方面，中小农商银行决策要考虑两个点，第一，要变日均存款思维为流量思维，看存款的平均留存度，不能用线下的思维算计线上存款；第二，线下成本是已经投出去的，省不下来，如果流动性足够，线上存款引流渠道是否还有必要建设。

总之，中小农商银行的能力提升是当务之急，但要本着务实、有用的原则来推动。本节提出了基于网点、支行行长、员工、总行层面的能力提升点，以及大家都比较头疼的增存能力，希望能够抛砖引玉，有的放矢、管用好使地提升不同领域的能力，比如部门联动的能力、贷款投放的能力等。自己的脚多大，需要多大的鞋，自己清楚。千万别上了有些咨询公司和"砖家们"的"你多大鞋我多大脚"的当。同时，能力提升也是一项长期工程，需要久久为功，长抓不懈。

RETAIL BANKING

第七节
从业务到产品——实用产品体系

产品是银行服务客户的主要抓手。一款好的产品，能够顶起一个业务领域的"半边天"。对于中小农商银行来说，有一些还没有产品的概念，只有业务的概念。其实，这没什么，对于客户来说，任你天花乱坠，实用才是最重要的。图 3-12 是麦肯锡给银行业的建议图，有一定的借鉴性。

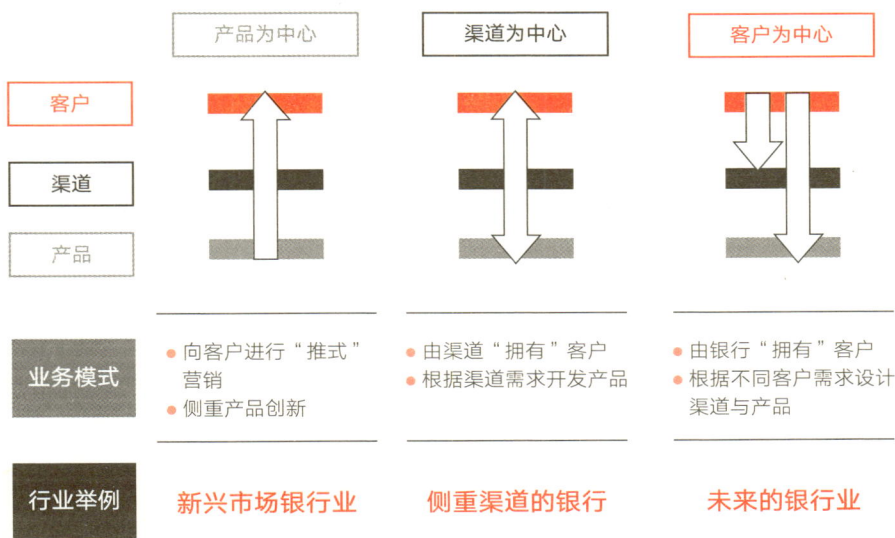

	产品为中心	渠道为中心	客户为中心
客户 渠道 产品			
业务模式	• 向客户进行"推式"营销 • 侧重产品创新	• 由渠道"拥有"客户 • 根据渠道需求开发产品	• 由银行"拥有"客户 • 根据不同客户需求设计渠道与产品
行业举例	新兴市场银行业	侧重渠道的银行	未来的银行业

图 3-12　银行产品创新分类
（资料来源：根据公开资料整理）

可以看出，中小农商银行以网点为链接，一端对的是客户，一端对的是产品，是典型的侧重渠道的银行。那么，产品的开发就要根据渠道的需求来开发。这是一个出发点，也是一个底层逻辑。中小农商银行的存款是要在网点卖的，贷款是要在网点办的，脱离了这个实际，开发出的产品必然是没有生命力的。

有位专家问我，中小农商银行能不能设计出一款像"某某宝"的产品，一招鲜吃遍天。我的答复是，不可能。银行产品的元素，基本上是一致的，谁也玩不出什么花儿来。外部的政策管制也是一致的，存款利率有价格管制和窗口指导，贷款利率有人民银行 MPA 和监管投放管制，谁敢有大的突破，试一试？但是，中小农商银行在产品元素之外，可以利用客群、区域、机制等特长，做一些实用性的尝试。

○ **存款产品**。各家银行大都是普通活期、整存整取、零存整取、七天存期滚动存款等几类，市面上喊得这存那存都是"包装"出来的，为了让消费者听得顺耳，图个吉利。大多数中小农商银行没有大额存单，也没有结构性存款。但是，这种产品的理念和计价成本不是不能参考。无非是怎么把多出的费用给到客户。

有两个方式，供中小农商银行参考使用。

一是高端活期客户权益回报。真的把一笔巨款存定期，给你"顶"任务，不是亲人，就是钱没"用"了的人。但一些高端活期客户是有钱的，只是在不断周转使用，日均也不少，但没法儿享受定期收益。这个可以设个日均标准，对照定期收益略低，进行利率补差。补差部分肯定不能计入利息支出，但可以通过权益的方式，走费用，"曲线救国"。

二是配置积分。这种方式使用范围更广，客户体验更好。TZ 科技公司的积分系统，可以实现与核心系统的信息基本同步，可以给不同业务配置积分，包括存款，可以当作客户维系手段而非简单的存款"回馈"方式。积分的关键在于用起来，花出去。该积分系统的积分可以在京东商城上当钱花，可以在银行商城购物，也可以现场兑换，还可以在客户身边的饭店、超市等生活场景里使用，能在美团上使用，不仅客户体验好，也可以帮着银行拓展商家、供应链等业务。

这方面的"土做法"还有很多，也都比较实用有效，关键在于能不能做到过程管控，真正地维系客户，而不是走旁门左道。至于成本的增加，那也是没办法的办法。利率市场化必然导致这种结果，银行只能从精细化管理等方面做文章了。

○ **贷款产品**。贷款产品的开发，主要包括"七要素"：客群、额度、期限、还款方式、利率、担保方式、操作流程。各个要素相互关联，如何优化组合和合理搭配，考验的是银行对市场和客户的洞察能力。

客群主要是种地的、上班的、打工的、已经有房的、准备买房的、做买卖的，再加上一些政策类的，比如，扶贫、救灾救济类的。客群直接关联着额度、利率和还款方式。担保方式通过这几年的大浪淘沙，人的互保被证明是失败的，除非是亲人之间担保，民营担保公司几乎全军覆没，政府担保还可以适当考虑。

中小农商银行贷款产品的实用性，主要体现在三个方面，一是服务范围广。比如，某农商银行借鉴农户贷款成熟经验，针对社区居住、房屋自购居民推出的市民贷，号称人人都能贷，以预授信的方式拓客，效果就很好。二是业务办理快，比如，某农商银行的房快贷，最快能做到当天下款，客户体验也很好。三是还款方式活。还款方式匹配客户资金回笼周期。比如，某农商银行的房融贷，把房本抵押给银行，相当于在银行存了一笔备用金，随时用随时取，用多少，用多长时间，结多少利息，不用就无利息，做买卖的人就特别欢迎。

这两年，随着消费社会的来临，消费金融大行其道。中小农商银行眼巴巴看着，没自己什么事儿。原因在于自己的系统不争气，不能直接切入场景，不能及时响应，也不支持分期。在此，给两个路径供参考。一是选择大额、低频的场景，一次性给客户授信，专用场景消费。二是在分期消费场景和银行中间，介入第三方支付公司，委托第三方支付公司按照银行和消费者的约定进行贷款止付。FK科技公司针对中小农商银行房屋装修分期贷款，利用科技手段，在贷款意愿、还款能力，特别是在保证场景真实性和续接中小农商银行系统上，都已经有成熟的案例。总之，只要想做，路子还是有的，无非是多走几步而已。

○ **整村授信。**严格来说，整村授信不属于产品体系，只是一种营销管理手段。对于中小农商银行的农村客群来说，这是个实用的做法。因此，也放在了这个板块。

整村授信其实就是过去信用镇、信用村、信用户的"翻版"。只不过过去信贷员走村入户、长期耕耘，自己个儿了解得多。现在的客户经理忙不过来，找些中间人、用些新手段，批量做业务。本质上还是解决信息不对称的问题，无他。有专业人士对此还是持怀疑态度，我只能说他不了解农村，这事儿不过时，绝对靠谱。一则农商银行对这块阵地再不深耕、再做不好，在国家普惠金融政策驱动下，大行下沉，会让中小农商银行丢了"根据地""大本营"的；二则这事儿方向没问题，不会犯原则性错误。

但是，新时代要有新打法。整村授信推荐采用大数据筛选＋背靠背评议的方式，代替现场调查，以此解决单户推进效率低下、客户多头借贷和客户经理道德风险的问题，实现从"等客上门"向"主动获客"、"被动三查"向"主动授信"、"业务推广"向"客户经营"的"三转变"。整村授信还要因地制宜，区别对待，不能一把尺子量到底。

未拆迁行政村，还属于固有阵地，对其主动授信的目的是"占坑""圈地"，可以按照以下流程来推动，见图 3-13。

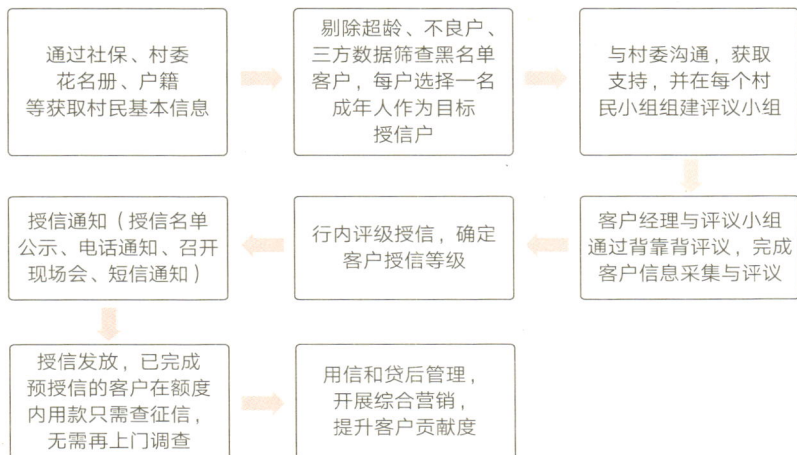

通过社保、村委花名册、户籍等获取村民基本信息	→	剔除超龄、不良户、三方数据筛查黑名单客户，每户选择一名成年人作为目标授信户	→	与村委沟通，获取支持，并在每个村民小组组建评议小组
授信通知（授信名单公示、电话通知、召开现场会、短信通知）	←	行内评级授信，确定客户授信等级	←	客户经理与评议小组通过背靠背评议，完成客户信息采集与评议
授信发放，已完成预授信的客户在额度内用款只需查征信，无需再上门调查	→	用信和贷后管理，开展综合营销，提升客户贡献度		

图 3-13 未拆迁行政村整村授信流程图

已拆迁的行政村，分为集中居住和不集中居住两种类型。集中居住的，可按照未拆迁行政村的流程推进，不集中居住的，可按照以下流程推动，见图 3-14。

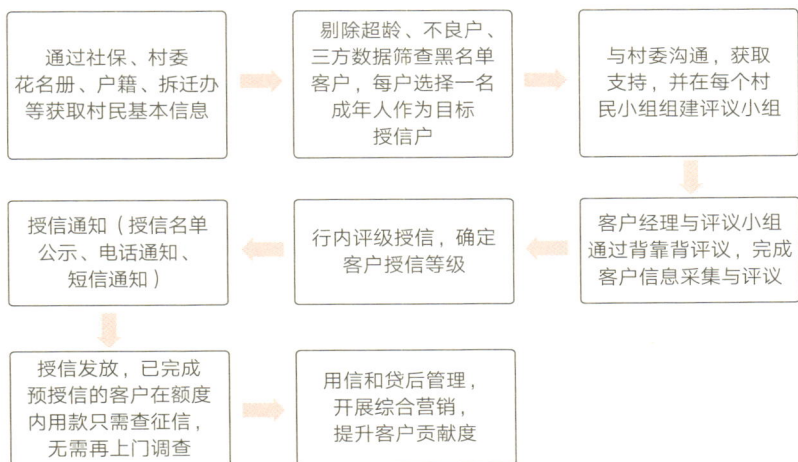

通过社保、村委花名册、户籍、拆迁办等获取村民基本信息	→	剔除超龄、不良户、三方数据筛查黑名单客户，每户选择一名成年人作为目标授信户	→	与村委沟通，获取支持，并在每个村民小组组建评议小组
授信通知（授信名单公示、电话通知、短信通知）	←	行内评级授信，确定客户授信等级	←	客户经理与评议小组通过背靠背评议，完成客户信息采集与评议
授信发放，已完成预授信的客户在额度内用款只需查征信，无需再上门调查	→	用信和贷后管理，开展综合营销，提升客户贡献度		

图 3-14 非集中居住已拆迁行政村整村授信流程图

此外，还有一些新拓展业务区域，主要指原来未覆盖或未服务的农区与近郊区域。这个可以学习抢你"饭碗"的其他银行的做法。概括起来，两招。第一招抓头部，方式可参照图 3-15 所示的流程。第二招"随"额度，他行给 3 万元，你行给 5 万元，前提是把上一笔还了。

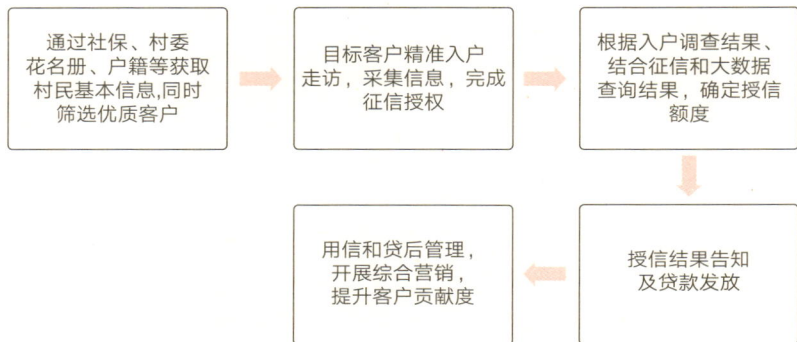

图 3-15　新拓展业务区域整村授信流程图

在整村授信过程中，有几个关键点，一定要抓住：一是评议结果的交叉检验不能来虚的；二是多头借贷必须杜绝；三是评议人员要选好，原则上不选村主任这些可能影响评议情况的人；四是一定要以户为单位；五是贷后跟进不能少。同时，行里也要对整村授信提供专门的尽职免责、差别化不良考核政策。整村授信也有成熟的科技系统可以做支撑，既能提升效率，也能最大化减少人为干扰风险。

对于土地承包经营权确权并且已经发证的地方，可以考虑将土地承包经营权抵押一并做了。这对于视土地为生命的农民来说，是非常具有信用保障作用的。同时，国内许多互联网机构在这块发力较大，比如京东商城基于农业生产的量化模型及农民的历史生产数据给农民授信，免抵押，免担保，并且能精准地把资金定时、定量投入生产过程中，使贷款不产生闲置费用。同时，探索农业现代化养殖量化、跟踪技术，征信白户的互联网授信等技术。这些对于中小农商银行来说，都可能是颠覆性的，是"动"中小农商银行根基的打法和技术。建议中小农商银行跟踪这些技术发展，主动利用和转换为涉农产品的技术支撑。

在这里，给大家推荐一个围绕土地承包经营权，打造农村领域新生态的做法，属于主动拥抱新技术的一个参考。

QD 金科推出了一个土地抵押平台，是专为国内农民打造的农业数字化服务平台。主要功能见图 3-16。

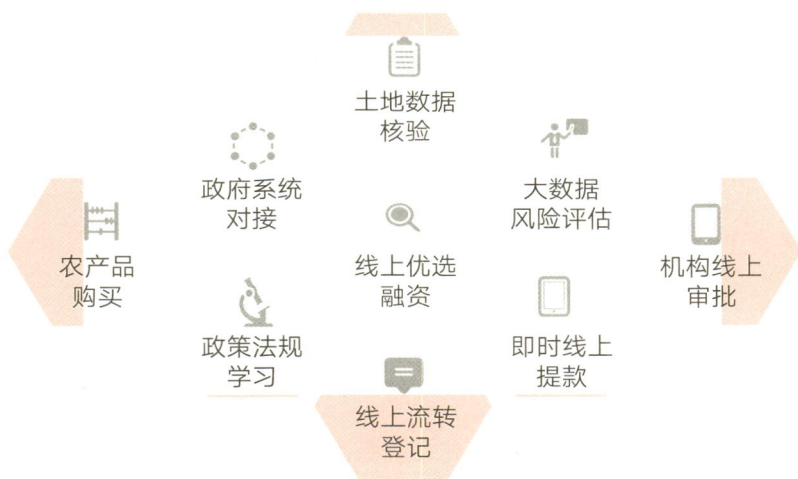

图 3-16　农业数字化服务平台功能图

（资料来源：根据 QD 金科提供资料整理）

通过"技术 + 服务 + 生态"解决方案，整合融资贷款、农资产品赊销、农耕土地、草场流转、农村便民服务信息等多个领域的全链条，旨在帮助农民"借到钱、省到钱、赚到钱"。同时，充分利用现有的互联网技术，通过移动端软件、社交网络、网站等流量入口，使用大数据、云计算、人脸识别、内外部数据评级、可视化风控模型等技术功能，将农民、农业生产资料供应商、金融机构、保险担保机构、农牧商品线上采购、农业种植、养殖技术等机构集中到一起。

乡村振兴计划是中小农商银行的百年机遇，但不是必然机遇，还是要主动、靠前想办法。这个平台的理念和做法，无论是引入还是自建，中小农商银行都不能没有，必须先行先试，抢抓先机。

○ **普惠信贷。** 普惠信贷本质上也不是产品，是一个业务领域，但关联着客户服务支撑。因此，也放在了本节。严格来说，普惠信贷包含小微信贷，但两者既有区别，也有相同之处，因此，分别来谈一下。

普惠信贷是普惠金融的重要组成部分，或者说是最重要的部分。近年来，我国的普惠金融得到了长足发展。截至 2018 年末，普惠金融领域贷款余额 13.39 万亿元，同比增长 13.8%，增速比上年末高 5.3 个百分点。这两年的增速更是大幅提升。针对普惠信贷领域，国家各类政策密集出台，如定向降准、定向中期借贷便利、再贷款等，引导银行业积极争取政策红利。总体来讲，在未来一段时期内，制约普惠信贷发展的主要瓶颈将是优质资产的稀缺，已经接触到既有普惠服务的这部分人群，其金融需求即将被市场各参与主体争相挖掘殆尽，后续增量有限。因此，普惠信贷下一步的发展方向，是要面向至今仍受到强信贷约束的长尾人群，进一步增量、扩面。

中小农商银行如何正确认识这一发展趋势，履行职责，争取政策红利，需要认真思考、果断决策和切实执行。图 3-17 是由国家金融与发展实验室（NFD）提供的，这张图分别从客群风险和贷款金额两个维度进行说明。

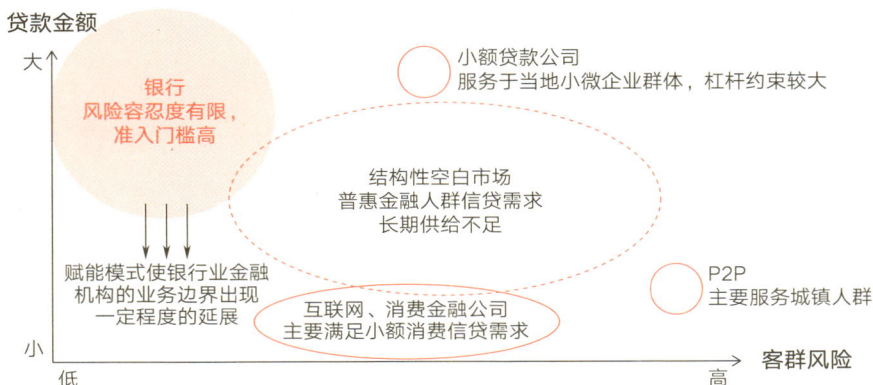

图 3-17 普惠信贷市场存在可以挖掘的巨大空间

（资料来源：国家金融与发展实验室 . 普惠金融聚合模式研究报告 [R].2019）

过去，传统银行都在做金额大、风险低的业务。这几年，在国家的大力倡导下，传统银行也纷纷向中小金额但依然是风险低的领域转移，这就是大行下沉。互联网金融、消费金融公司都是做的风险中等但金额小（1 万元上下）的贷款业务， 这和中小农商银行的客群完全不同。其他金融机构就不说了，客群更是不一样。那么，图 3-17 中那块"结构性空白市场"谁来做？中小农商银行啊，这才是中小农商银行的"菜"。

目前，中小农商银行的个人类贷款构成，除了农民以外，大部分是受薪人群。这是笔者一贯主张的，同时也建议中小农商银行合理控制贷款结构组成。机关、事业单位的工资代发客群必须匹配薪金类贷款，这部分贷款占比要占到零售贷款的 20% 以上。央企、金融企业等好一点的企业可以适当搭配。但是，手要紧一点，措施要严一点。不要说薪金客群每月开工资，不用信。多家中小农商银行的数据统计显示，只要办理授信的，至少是 50% 的用信率。这个客群的打法就是以"扩面"

提"用信"。房产抵押的客群也必须做，主要以住宅抵押为主，商用房抵押要谨慎地做，除非位置、转手确实好。这部分贷款占比至少30%。按揭贷款可以做一点，但要考虑好中短期收益配比。以上比例是笔者的简单建议，各地情况不同，比例根据实际来确定，但要有这种业务结构的思维。

有了这几类贷款垫底，才可以在上面的普惠客群，也即"金融排斥客群"上试一试。什么是"金融排斥客群"，这里要简单地解释一下。传统银行表面上重视第一还款来源，实际更重视第二还款来源：担保、抵质押。这就是第一个"排斥"，将没有房屋车辆、不具备户口社保，但却有真实金融需求的人群排斥在外。而互联网金融重点服务的客群是：有社交、线上消费、支付等软数据"变现价值"的客群。这就形成了第二个排斥：生产经营活动在线下，或者互联网应用能力和移动智能机操作经验不足的小微企业主、城镇低收入群体但有合理、真实金融需求的客群。这类客群的金融服务是真空地带，中小农商银行有线下优势、有灵活机制，设计好了产品和风控，是可以大有作为的。

目前，国内普惠金融做得好的银行，主要有两类。第一类是大行，核心竞争力是低成本利率。第二类是互联网银行，核心竞争力是数据与技术。网商银行的核心是做生态，微众银行的核心是做平台，新网银行的核心是做链接。对于中小农商银行来说，这些优势都不具备，但可以从中获取一些启示。

一是中小农商银行不缺数据，但缺数据整合。中小农商银行一向以点多面广人多而著称，在局部区域大多有一定根基，特别是客户在网点、电子银行等渠道，沉淀了大量有价值的数据。如何打破部门与条线壁垒，集中数据资产、消除"数据孤岛"现象，是实现"又普又惠"的前提。

二是中小农商银行不缺客户，但缺有效普惠客户。普惠普惠，"普"是第一步。而要想做到"普"，靠人力是有边界的，唯有增加金融科技手段。中小农商银行可以结合自身资源禀赋和地域经济发展特点，明确定位普惠客户类别，有针对性地提供一揽子金融服务方案。

三是中小农商银行不缺人才，但缺数据分析专业人才。数据本身并无价值，只有经过建模计算、分析预测并辅助决策，才产生价值。总体来看，中小农商银行的数据分析专业团队较弱，可以考虑大力度地引进人才，并组建跨技术部门与业务部门的数据分析师队伍，专人专岗，深入挖掘数据价值。同时建立完善数据分析师持续的培训与交流机制、通畅的晋升路径。

四是中小农商银行不缺服务普惠的业务团队，但缺专业稳定的普惠金融业务团队。根据国务院要求，五大商业银行全部建立了普惠金融事业部，单独核算、单独考核。中小农商银行可以在全行范围做普惠的基础上，借鉴"信贷工厂"模式，实现普惠金融业务集中授信、精准定价，降低运营成本，并建立专业的普惠客户经理队伍，通过专业化的岗位设置、系统化的培训、标准化的操作，保证普惠业务人员各司其职，配套合理激励和畅通晋升通道，确保普惠业务人员的稳定性和专业性。

普惠是一个需要情怀的事业。中小农商银行从来不缺情怀，但一味地靠情怀，也是不行的。短期内，要最大化地发挥人海战术作用。长期来看，还是需要在数字普惠方面多下力气。

中小农商银行推进数字普惠，要做好总体统筹，主要包括以下几个关键节点。

一是申请渠道。线上渠道主要包括 H5、小程序、手机银行。APP可以做，但不推荐，因为获客、活客成本都很高。同时，要配置移动展业，采集客户资料，进行调查定位，核实有关情况，提交在线评估。

二是智能审查审批。重点要用"规则集"高仿真人工决策。所谓"规则集"就是把人工判断用系统的方式来自动化实现，要设置"中"门槛，挑出"坏"客户，并配置多样产品，满足不同需求。

三是基于多方论证的风控模式。首先，人行征信要实现对征信报告的自动解析。其次，将本行不良、禁入名单写入授信管理系统，对不良、禁入、过度融资客户进行二次过滤。再次，要引入第三方数据，基于客户在特定平台的行业、经营数据及其他补充信息进行自动化分析判断。最后是底线筛选，引入原告、被告的司法诉讼记录、当地公安部门的犯罪记录等。

四是在线签约提还款。主要是提供便利和防控风险。提供便利主要表现为变客户"只跑银行一趟"为"一趟银行都不用跑"。防控风险主要是两点，第一点是提高内部效率，降低操作风险；第二点是确保身份真实，防范道德风险。

五是大数据贷后监测。主要包括四点，第一点是经营预警，主要关注营业额大幅下滑、店铺关闭等信息；第二点是行为预警，主要关注客户与融资中介异常、客户申贷频率激增等情况；第三点是征信预警，主要关注客户出现逾期、欠息、担保代偿等行为，客户融资总额快速增加、财务杠杆激增等行为；第四点是其他预警，比如出现涉诉、失信行为、处罚，又如抵押物状态异常等。

在把控这些关键节点的基础上，重点要设计好数字普惠的产品。因为是数字产品，所以，数据是第一要求。首先要进行数据筛选，主要包括行为类、交易类、属性类、能力测评类数据。其次是数据评估，主要是全面性、有效性、合理性、准确性、及时性等维度的评估。

在此基础上，再来设计产品要素。产品的额度，要根据客户负债、对外担保、资产净值、客户合理需求等情况来确定产品最高能贷多少？单个客户可以贷多少？利率定价要综合考虑同业竞争、风险成本、资金成本、操作及其他成本等多方面的因素，可以参照"利率 = 银行目标收益 + 资金成本 + 操作及其他成本 + 目标客群预测损失率"这个公式来确定。数字产品还要考虑费用，主要包括数据服务费用、营销获客费用、担保或保险费用等。期限要根据客户、风险和自身实际三个主要因素来确定。从客户角度，要关注同业产品期限、客户偏好；从风险角度，要关注客户经营用途、回款周期、还款意愿等；从自身实际角度，要关注资金价格等，比如，部分银行为鼓励发放短期贷款，会大幅上调中长期贷款的 FTP 价格。此外，还有支付方式等要素，要结合数字产品的特点，本着便捷、极简的原则来设定。

再来谈一下小微信贷。小微信贷属于普惠金融范畴的一个主要板块。但小微信贷在银行业属于喊得挺凶、做得很少的业务。先来看一下某市 2012 年 1 月至 2014 年 12 月各类企业贷款不良率变化，见图 3-18。

图 3-18　某市 2012 年 1 月至 2014 年 12 月各类企业贷款不良率变化
（资料来源：根据公开资料整理）

可以看出，不良高企是各家银行为什么不愿意做小微贷款的根本原因。但是，再细细分析，大型企业和微型企业贷款不良率还是相对比较低的，总体也比较稳，也在监管容忍度范围之内。这对于中小农商银行的启示有两点，一是企业类贷款要按照"一大一微"的策略来做。真正的大企业基本上实现了金融脱媒，因此，更多的机会应该在微型企业这一端。二是真正服务于小微企业及个体工商户，其贷款的风险也是可控的。当然，这个数据来源于一个城市，各地情况不同，特别是小微企业分布、质量等情况不同，建议参考使用。

那么，中小农商银行如何才能做好微型企业的风控呢？有几个关键点要把握好。

一是定位为"三做"。"做近"，客户、抵押物等距离经办机构较近，一般在自己的服务半径之内。"做好"，选择具有较好的成长性或稳定性，无不良信用记录，经营者人品良好，实际资产负债率较低的客户。"做小"，重点是发展单户 500 万元及以下小企业贷款。关于这个标准划定，各地情况不同，可以因地制宜，灵活确定。

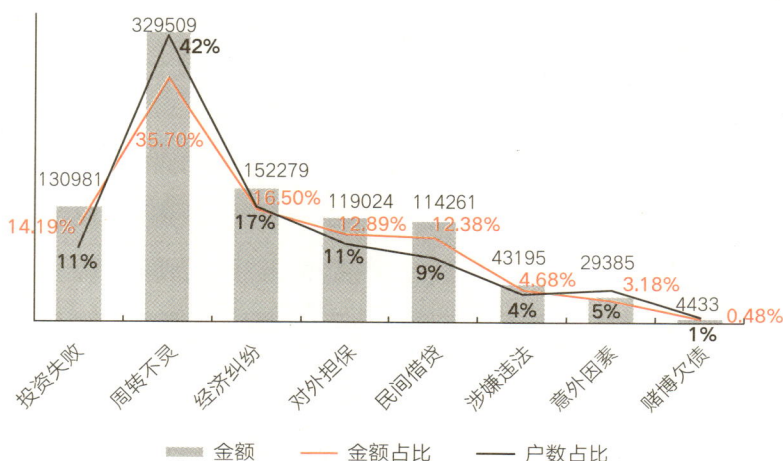

图 3-19　小微企业贷款不良情况分析

（资料来源：根据公开资料整理）

二是深挖风险源。图 3-19 是某银行对小微企业贷款不良情况的分析，主要的风险点是周转不灵，金额与户数分别为 36% 和 42%。周转不灵的主要原因是应收账款回收困难、现金流断裂等。中小农商银行要针对这些风险点，逐个分析，并制定相应的对策。

三是专业化经营。在流程上，要制定差异化流程，实行风险经理制，同时要充分授权，严格核签。在担保方式上，抵押为主、信用为辅，原则上不做保证类贷款，政府类担保公司可以考虑。对于抵押物评估管理，原则上自行评估，但对非标准厂房等情况复杂难以评估的，可按规定进行外部评估。对于信用类贷款，客群选择以有实际经营且个人名义贷款为主；额度要根据客群实际来确定，以小额为主，一般在 30 万元以下；期限以 6 月以下为主；用途以应急的短期资金周转为主；利率可以适当高价定位。在风险防控上，重点是关注集中度管理，要以专营机构为单位，实行行业、专业市场、同一乡源地的名单管理制，每半年进行一次调整和监测。重点加强贷后管理，正确认识小微客户与一般公司客户的差异，做到关注实质、成本可控。持续关注支付管理、征信变动、客户经营持续性、押品状态、账户状态等，并注重风险的提前处置，掌握主动性。同时要重点防控内部人员的道德风险引发的欺诈问题，对贷款办理中资料的真实性、当事人的签字，除客户经理外的另一人要予以核实。在产品设计上，要根据数字化程度，推动线下传统业务线上化，设计线上标准化产品和半线上化产品。

从目前的小微信贷领域实践来看，做得好的，主要有两类。

一是以台州银行、泰隆银行为代表的传统银行系。它们延续了德国 IPC 模式，通过标准化的流程和精细化的管理，有效地控制风险和成本，最终获得了优于同业的收益。以台州银行为例，其过去三年的平均 ROA 超过 2%，远超同业平均水平。但地方银行的"人海战术"会有明显的发展边界，所以，这类银行大都聚焦于某一特定区域，团队和资产规模也控制在一定范围内。即便是台州银行，资产规模也不过2000多亿元。

二是以网商银行等互联网银行为代表的互联网金融系。它们用数字化驱动、智能化管理的模式，取代了传统高度依赖人的方式。不仅解决了对小微企业风险识别能力的不足、风险管理成本过高等问题，更打破了空间和时间的限制，实现了批量化、可复制的规模效应。根据网商银行最新披露的数据，成立以来，累计服务过的小微经营者超过2900万人，其中80%的人过去从未获得银行贷款。仅2019年实现净利润12.56亿元，不良率则控制在了1.3%。

对此，中小农商银行该怎么抉择？客观地讲，大多数中小农商银行不要说网商银行模式，就连台州银行等的IPC模式也鲜有涉猎。笔者认为，对于小微企业贷款，中小农商银行可以继续走老路，将小微贷款的经营作为参考性指标，依旧重点考察企业主的个人还款意愿、能力等要素。这没什么，管用就行。更建议大家想办法确立后发优势，融汇全手工的人海战术＋全自动的数字技术，实现优势互补。网商银行解决了小微金融的普惠问题，但户均3.6万元，没有解决额度的问题。IPC线下模式解决了额度的问题，却没有解决普惠的问题。中小农商银行可以考虑和各类线上平台合作，也可以将线上技术学过来，作为提升覆盖面和线上风控的核心能力。同时，基于当地网点、人员等优势，采取上门核验等方式，作为提额手段，探索出立足当地、扩大范围的小微信贷之路。

有了线上技术的赋能，中小农商银行才可能涉入小微企业关联的供应链金融。否则，谈供应链金融，那就是一句空话。而供应链金融为中小农商银行走出区域性限制提供了可能。产业互联网也是大势所趋，从供应链金融切入是一种可能且可行的方式。因此，无论是履行支持小微企业的自身职责，还是着眼长远发展，中小农商银行都要将线上信贷作为主要的探索方向。

最后，还是想补充一下，对于中小农商银行来说，产品只是个"噱头"，还不能成为"拳头"。无论是存款产品还是贷款产品，无论是产品还是业务，对于中小农商银行来说，只有机制和政策配套，才能产生效果；产品培训要加上营销培训，才能真正落地。产品只是产品，业务就那点业务，看谁用，怎么用，最终起决定作用的，还是人。

RETAIL
BANKING

第八节
生活圈银行——生态纵横体系

在说生态之前，我们可能要费点时间，来聊一聊支付的故事。支付是什么？支付对于银行来说，就是存贷汇当中的"汇"。为什么要在本章谈支付，因为支付对于生态体系构建起着"穿针引线"的作用。

◯ **支付的价值**。银行的产生，最早源于汇兑。而汇兑的产生，源于商业的需要。无论是欧洲近代银行的起源，还是我国历史上的票号、钱庄起源，最初的起点都是汇兑业务，而不是存和贷。2000 年以后，我国的电子商务领域也出现了汇兑的商机。最典型的例子，莫过于支付宝。这一方式有效地解决了购买方和供货方彼此不信任的问题，本质上可以理解为一个中间账户。由于这个账户积淀了客户信息、交易信息和资金，就进一步衍生出来放贷等业务。

时代在变，逻辑未变。汇兑的逻辑一直遵循着"商→汇→存→贷"的演进路径。这就是为什么第三方支付能够"抢走"银行汇兑业务的核心原因。银行只做了汇兑，却没有深入商业场景。

没有这种商业场景的支持，银行损失的，不仅是汇兑功能的"沦陷"，还有吸收存款压力的加大，因为低成本存款越来越少了；更主要的是贷款业务压力也在剧增，因为客户到线下网点频率越来越少了，贷款核心的风险定价、风险评估等事项，因为没有了客户信息、交易信息等重要基础，也越来越难了。基础不牢，地动山摇。对支付、结算等服务的忽视，对客户基础的忽视，正在"断送"银行未来的发展前景。

那么，银行该怎么办？只有重归基础逻辑，重回业务本源，重拾"商"的环节。否则，寄希望与微信、支付宝等第三方支付"抢"支付业务，只能说是以卵击石。重拾"商"的环节，就必须在生态上做文章，让银行的业务渗透到商业当中。

○ **他山之石**。那么，银行又该怎么做生态呢？麦肯锡咨询公司给中国的银行业开出的药方，是一个名为《时不我待、只争朝夕：中国银行业布局生态圈正当时》的报告。我们来看一下主体内容。

该报告认为，银行业生态圈战略选择与推动实施须秉持三大核心原则：一是积极发挥银行对公业务的优势，连通 B（企业、商户）端、G（政府及公共事业）端、C（消费者）端生态圈各相关方；二是以解决生态圈参与方的痛点为导向，而不仅是销售金融服务；三是重视生态圈参与方的客户体验。同时，从三个方面提出了操作性建议。

第一方面，"从哪里切入"。通过对生态圈行业前景及银行自身能力进行分析，优选业务机会点。根据其预计，2025 年，全球范围内的新生态圈将出现在总收入约 60 万亿美元的 12 大传统产业之中。在中国，银行可以围绕衣、食、住、行四大与生活息息相关的领域择机切入。

第二方面，"怎么切入"。其总结出四种模式，银行应当基于对生态圈的主导意愿、银行综合实力和对合作方约束力的期望三大因素来评估适合的模式。一是自建模式：自建覆盖行业生态圈主要环节的产品和服务；二是投资模式：利用股权投资与平台企业达成战略合作；三是联盟模式：通过战略联盟，构建行业专业化生态圈；四是合作模式：通过商业合作，参与生态圈。

第三方面，"如何推动实施"。针对银行自身面临的四大主要挑战分别给出建议。

针对银行自身生态圈战略不清晰问题，建议一，精准自画像，选择适宜的模式和行业机会；建议二，差异化竞争，挖掘合作中可以带给互联网平台的独特资源；建议三，构建护城河，在合作中持续创造新的独特价值主张。

针对银行端到端运营生态圈客户的能力不足问题，建议一，提升客户画像的精准度；建议二，做好客户运营的整体规划；建议三，成立专门数据运营公司／部门。

针对内外部合作时组织与文化冲突明显的问题，建议一，加强内外部文化融合；建议二，鼓励银行内部创新；建议三，内化互联网思维；建议四，设立内部创新基金；建议五，互联网公司与银行员工组成联合工作组或互换轮岗；建议六，提高产品设计与开发能力，保证与业务场景的无缝衔接；建议七，推动敏捷组织工作方式、打造强有力的PMO（项目管理部）；建议八，高层领导推动；建议九，重视对于生态圈合作伙伴的关系维护。

针对生态圈参与方利益分配复杂的问题，建议一，对合作的整体收益达成战略共识；建议二，合作开始前尽早确定利益分配方案；建议三，引入行业专家顾问评估合理的利益分配方式；建议四，打造尽可能客观公正的利益纠纷处理机制。

这是很有价值的一份报告，推荐大家看一看。国内银行的先行者都已经在布局和实践生态圈战略。那么，中小农商银行该不该做，怎么做。

先来说该不该做。答案是必须做。这源于两个实际情况的倒逼，一是银行的先行者和互联网金融公司借助科技力量，在人们的衣食住行等场景全面布局，甚至形成闭环效应，也即把客户牢牢地锁定在它的一个 APP 上，"抢"走了中小农商银行的客户。没有客户，没有客户可靠信息，你怎么经营客户，怎么增存，又怎么放款。二是银行的盈利能力持续下降，过去 5 年的收入年增速仅仅 2%，显著低于 5%~6% 的历史记录。这是全国银行业的总体情况，在中小农商银行，情况恐怕更糟。因此，中小农商银行必须做生态圈，区别仅仅在于人家的高大上，咱的实用就行。

怎么做？对于中小农商银行来说，技术肯定是搞不过竞争对手，但也不是没有优势，比如网点的优势等。关键是要认清背后的逻辑，找准自己能干得了、干得好的路子。

生态生态，生活状态。必须承认，现在这个时代的生活状态已经发生了翻天覆地的变化，人们在线下和线上消费、娱乐、工作、生活的时间，几近相同。这是一个前提。随着时代的发展，中小农商银行的服务方式也要随之改变，由过去只提供金融服务，转向现在的多功能，甚至全功能服务。

◎ **生活圈银行。**笔者给中小农商银行出的主意是，中小农商银行要做生活圈银行。这既是中小农商银行零售金融的终极目标，也是最有可能建立护城河的生存方式。

所谓生活圈，就是局部小生态。就好比战争年代由民间自发组织的防卫性"坞堡"。笔者认为，这事儿只有中小农商银行能做，也能做好。但是，需要有愚公精神，持之以恒，聚沙成塔，一代接着一代干下去。

有人曾经和我激烈地争论过这个问题。对方认为，银行做生态就是一个伪命题；中小农商银行做生活圈，也是一个"乌托邦"。言外之意，就是理想丰满，现实骨感。我是多少赞同对方的观点的。但是，我提出了"七问"，对方回答不上来：我们的真正活跃客户有多少？人人都有好几张银行卡，有我们的银行卡吗？有我们的卡，绑定手机支付了吗？如果绑定，经常使用吗？经常使用，余额有多少？有余额又在哪些地方使用？除了存贷款，我们又为客户做了什么？而这"七问"的答案，就在生活圈。

中小农商银行的生活圈，有点像招商银行的线下"掌上生活"，可以称之为"掌下生活"。利用银行资源丰富的优势，打通各类客户的资源壁垒，实现资源整合和共享，银行居中或者在幕后，以支付为切入口，以账户为基础，以存贷款为抓手，以数据为取向，实现闭环良性服务。

所谓纵横，"纵"就是基于特定场景，往深里挖，比如超市，周边人员经常光顾，用中小农商银行的卡有折扣，办理会员有折扣，办理贷款有折扣，银行积分可以当钱花，等等。所谓"横"就是往大扩面，涵盖不同消费场景，比如理发、吃饭、买菜等日常生活必不可少的地方，重点是"驱动"客户用你的支付，办你的卡，根据流水"配"贷款。小额、高频的支付领域，银行已经彻底"沦陷"，中小农商银行更不要奢望有大的改观。

但是，丢了C端抓B端，参照图3-20，钱不管怎样转，总要有个花的地方。这方面，还是可以做一做的。存贷款是低频业务，谁没事儿整天跑银行存款、贷款。当然，会计除外啊。中小农商银行可以以网点为中心、以外拓为手段，通过占领B端来辐射C端，实现金融服务的"曲线救国"。

以网点为中心，
辐射周围上百上千家店铺

↓

消费者成为店铺流量

↓　　　↓

交易沉淀在银行　　　客户沉淀在银行

↓　　　↓

植入存款、理财、贷款服务，获取收益

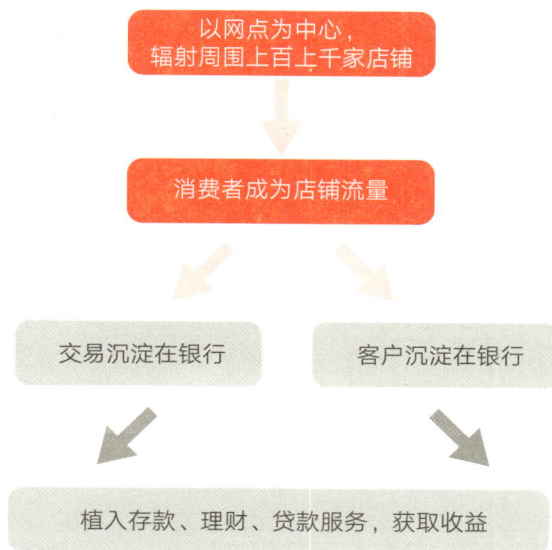

图 3-20　以网点为中心推动生活圈简图

怎么做生活圈？可以参考图 3-21。关键是三个点：规则、运营和科技。中小农商银行从自身业务特点和客群需求出发，定出服务规则，比如，支付免费率；比如，使用本行银行卡满多少减多少，给到运营商。运营又是三个关键点中的关键，一是看资质，二是能让合作方挣到钱，可以按照固定费用或者业绩分润来算账。运营要整合利用，让银行客户与商户客户互相引流，银行资源与商户资源互相赋能，商户资源与商户资源相互利用。科技也不能少，可以是银行自建，也可以是联合第三方共建，但数据安全和客户信息要保护好，也要通过线上贷款能够触达，这样账就有的算了。

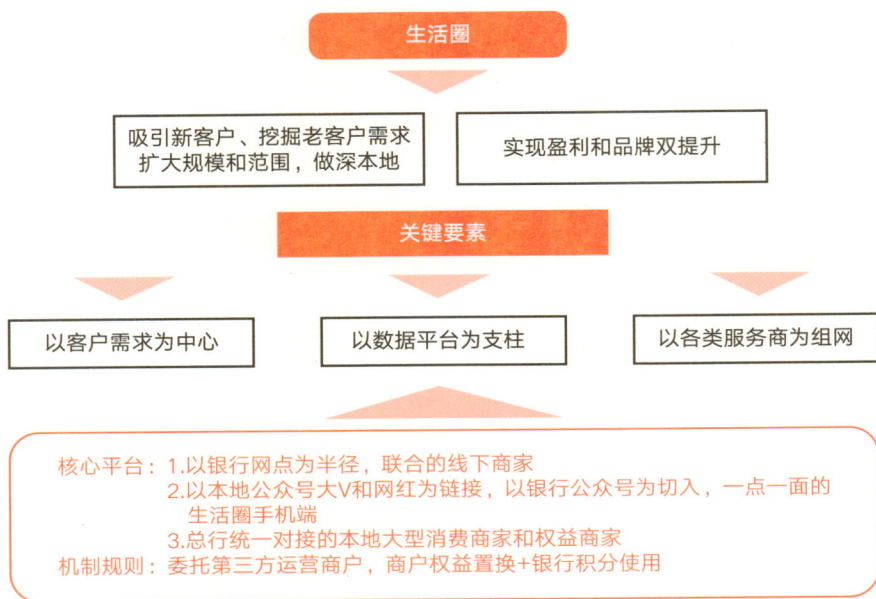

图 3-21　生活圈建设关键要素简图

在此，讲一个案例，可能更加直观一点。YY 科技公司针对生活圈银行建设有一个专门的系统。图 3-22 是其系统模型图。

总体来看，分两个层面来拓展生活圈。总行统一对接一些当地大型场景，或者由支行对接后，总行面向全行统一开放。也就是只要是本行客户，均可以在这些大型场景享受用本行卡刷卡消费满减等优惠活动。同时，以银行网点为中心，在网格化范围内分横轴、纵轴两个方向拓展商户。这些商户除了享受总行的共性政策，还可以增加网点的个性政策。

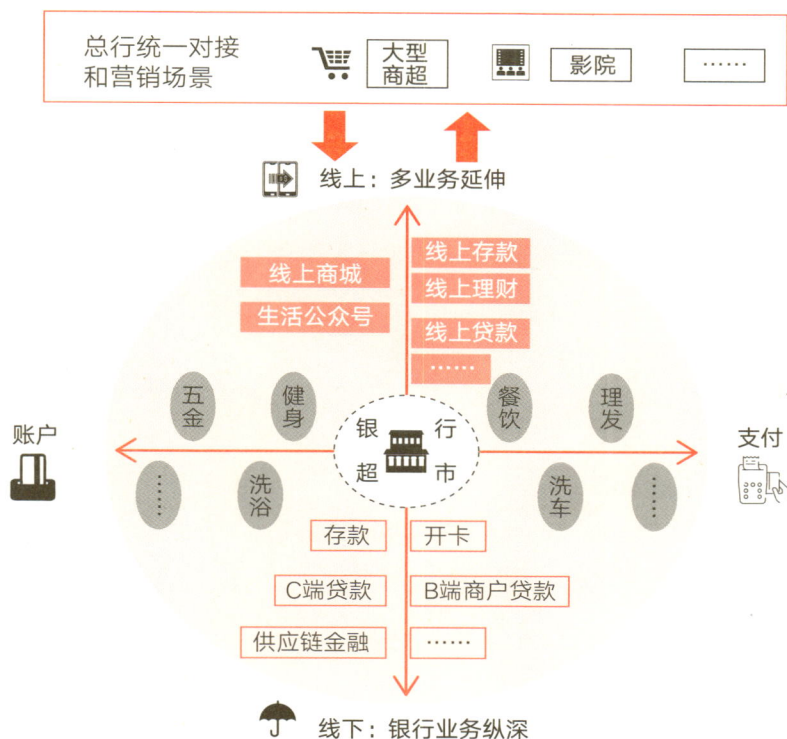

图 3-22　生活圈银行模型图

　　横轴方向，代表商户的多类型。主要以支付和账户为主要拓展内容，通过切入支付，带来开卡，并依据流水（包括微信、支付宝）等数据，给予商户预授信。这个方向的取向主要是"扩面"，一方面将银行的客户引流到商户，另一方面将商户的客户引流到银行，中间的金融纽带是支付和账户，手段是积分、权益等政策的激励。

　　纵轴方向，代表细分领域的纵深度。这里面的内涵就比较多了。往下纵深，可以增加 B/C 端商户的开卡、绑卡、存款、贷款，还可以进一步延伸到供应链商家。往上延伸，基于超市这一高频的线下场景，可以辐射带动生活圈广泛客群，进而带动搭建线上服务板块，包括生活公众号、线上商城、线上引流渠道等。

通过上面的一纵一横，中小农商银行基本能够"撑起"本地生活圈，"圈"里面有大多数日常生活离不开的商家服务植入，本地居民又大多有当地中小农商银行的银行卡，行方便，得实惠，大家何乐而不为呢？同时，在线下服务的基础上增加线上服务方式，也给其他不具备这方面条件和能力的商户提供了线上平台，中小农商银行的获客、活客、黏客、存款、贷款等诉求，也就间接地实现了。这其中，一定要充分运用好商户权益，这对银行降低成本意义重大。

生活圈的精髓在于通过"金融＋场景"的方式，提升了中小农商银经营客户和经营风险的核心能力。银行重拾了"商"的环节，线上线下优势得以互补，各参与方实现共赢，重点是客户因为生活圈而"圈定"了你这家银行。生活圈，我看好，你呢？

04.

第四章
嫁接式金融科技 □

　　金融科技是零售业务的一把关键钥匙。中小农商银行的核心业务等科技系统，大部分由省级联社统一建设，底层支撑类系统建设不用耗费精力。但应用层面的系统，由于省级联社没有经营功能，不直接面向客户，各家机构又面临客户多种多样的诉求。因此，中小农商银行结合自身实际做一点金融科技探索，是必要的。当然，这种探索一定是基于省级联社核心业务等系统基础上的创新，一定要符合省级联社信息安全、业务规范等方面的制度要求。否则，科技两面性中的负面性，可能是中小农商银行"生命中无法承受之重"。省级联社重点做好记账、结算和部分风控，以及人行、监管部门的政策把控，发挥"定海神针"的作用。中小农商银行重点做营销场景搭建、获客渠道建设等系统，以及基于当地数据、客群实际的风控系统。就好比客户要吃梨，省级联社只有苹果，中小农商银行通过系统嫁接，整出个苹果梨。对于客户来说，口味差不太多，还有点不一样的地方。而对于省级联社，也能说得过去，毕竟还有苹果的元素。笔者把这种探索称为嫁接式金融创新。嫁接就是将省级联社的底层支撑和中小农商银行的特色需求有机结合。这也算是中小农商银行的科技特色吧。

RETAIL
BANKING

第一节
对内开放

- - - - - - - - - -

本节主要探讨省级联社系统与中小农商银行系统之间的关系。因为这是中小农商银行进行科技创新首先或者必然要面对的问题。在此，要提前明确一个理念：省级联社的科技系统是一种技术手段，还是一种管理手段。如果是后一种，就不仅仅是技术层面上的问题，涉及的问题非技术本身可以解决，因此，本节可以直接略过。如果是前一种，我们可以再往下谈，重点谈三个方面的问题。

○ **中小农商银行自建系统的问题**。这就要回答一个问题：中小农商银行为什么要自建系统？主要有六点原因。一是所处的市场环境、面对的市场压力存在不同。农区机构有农区机构的问题，郊区机构有郊区机构的问题，城区机构还有城区机构的问题。这就是各类自建系统面对的现状。二是各个机构在不同阶段的发展思路也是不一样的，差异很大。三是各个机构拥有的资源禀赋、优势也各不相同。四是各个机构的组织架构和人员方面也有不同。五是针对不同类型的客户，各个机构各自定义了非常多的产品，相应地，各家的营销方式也千差万别。六是从省级联社层面来说，核心系统由于建成年代较久，在互联网方面、在年轻客户方面、在各类数字化场景等方面存在较多的不足。由此，大多数中小农商银行的客户呈现这样一种局面：存款的多是老年客群，贷款的多是中年客群，年经人很少选择农商银行的业务。

由于以上的问题，走在前面的中小农商银行开始尝试科技系统自建。这方面主要是两大类系统，一类是面向营销和客户的系统，另一类是针对内部管理的系统。这些系统中，大多数是与省级联社核心系统间接进行衔接的外部系统，包括但不限于贷款营销系统、贷款管理系统、贷款审查审批系统等，自定义存款系统、客户积分系统、电子钱包系统、网上商城等，各类客户经理营销辅助系统、电话营销系统、网格营销系统等，各类资金托管系统，各类外部场景端系统，包括各类缴费、政府资金监管等系统，OA 系统、HR 系统、绩效考核系统等，档案管理系统等。个别比较激进的中小农商银行完全自建外部独立核心系统，由于无法与省级联社系统连接，成为高投入、高风险、低产出、低效能的"鸡肋"系统。

目前，大部分省级联社还没有在接口开放层面上有较为明确的指导意见。有的或者干脆"一刀切"，全部停下来；有的不闻不问，不管不顾，放任自流。导致这些自建系统与省级联社核心系统的边界不明确，存在一定的风险隐患，也不能最大化发挥价值。从中小农商银行的角度考虑，在省级联社端缺少相应的接口，需要进行反复沟通，省级联社响应较慢，双方沟通成本较高。而中小农商银行提出的需求，往往也是碎片化、离散化，水平参差不齐。这些自有信息系统的建设上，也各自存在孤岛，能力水平往往受到局限，缺乏统一的规划。单个机构在面对供应商时，往往议价能力不足，相对成本较高。大多存在一套系统多个机构重复引进的现象，造成重复建设，没有最大化地降低成本。引进的一些好的系统，也只在少数机构使用，其他机构大都不知悉，没有发挥示范带动、优化组合的效益。

◌ **解决自建系统的正确方式。**这方面，重点包括三个方面的事情。

一是需要着重解决目前需求管理机制的问题。从省级联社到中小农商银行，上下都要改变。

从省级联社端来说，必须要认识到，市场的竞争压力来自于中小农商银行，对市场最敏锐的是中小农商银行，创新的第一来源和动力来自于中小农商银行，风险、问题和危机也往往源于中小农商银行。一个系统是否发挥价值、是否好用，评价来自于中小农商银行。总之，要让能听得到炮声的人来决策。省级联社要给中小农商银行统一科技系统需求模板，便于指导中小农商银行把需求谈清、谈细。

从中小农商银行端来说，不能一有问题，就埋怨省级联社系统不行，把系统阻碍了发展等说辞挂在嘴上。而是应该充分发挥主观能动性，一方面争取省级联社支持，另一方面在条件许可的情况下，勇于主动出击，与各方面携手建好适合自己的外部系统。

二是要建立新的管理机制。省级联社要参照政府和市场的关系，上下之间形成良好的生态。省级联社原则上通过负面清单和报备制进行管理，省级联社要明确中小农商银行什么不能做。除此之外，能放开给中小农商银行做的，都放开让做。省级联社通过报备制而不是审批制来鼓励中小农商银行的自主性和积极性。这样的生态机制，能够使省级联社从管制到鼓励，中小农商银行从偷偷摸摸做到积极大胆去做。同时，省级联社可以鼓励有共同需求，或者面对类似竞争压力的中小农商银行抱团自建相关的系统，积极响应市场需求。切实有效的，还可以大范围推广。

基于此，省级联社要确定需求牵头部门，例如可以考虑参照互联网公司的做法，成立专门的大产品部，产品经理牵头产品规划落地实施，负责省级联社内部协调和流转。否则，中小农商银行无法"低对高""一对多"协调问题。同时，省级联社建立需求流转跟踪机制和评价机制。对于中小农商银行自建系统的诉求，要本着开放的态度、负责的态度来对待。省级联社要督察督办流转结果。对于条件成熟的需求，要组织相关人员进行评估。评估通过的，支持实施，实时指导，并明确各自职责、时限等具体要求。

三是建立"自建系统共享平台"。在省级联社端，可以搭建"法人机构自建系统共享管理平台"，以此来支撑和落地新的管理机制。这个平台所具有的功能包括需求报备、目的意义和价值等说明、详细需求说明、向其他机构征询共建意向（如果有共同需求，成立小组指定组长单位形成共同项目组）、价格、供应商库、建设周期等、项目小组建设落地管理等、与省级联社的接口、前中后阶段评价机制等。这个共享平台要实现共享需求、共享费用、共享经验的目标。这个平台对各方都有好处，省级联社的底层支撑更加有力，牵头机构可以节省成本，参与机构可以少走弯路。

◎ **上下联动用好自建系统。** 省级联社要建立开放银行的架构，实现两级开放。一是对外部大的场景端实现开放，同时支持中小农商银行营销的场景开放。二是对中小农商银行实现开放。省级联社通过对内部机构进行开放，支持有能力的机构，建立智慧中台（支撑业务的科技系统组织机构）应对各类外部挑战。这样有几个好处，第一，通过逐步调整和改变省级联社现行系统架构，提供接口平台，支撑中小农商银行建立智慧中台或个性化的系统。第二，中小农商银行通过智慧中台，实现个性化定制，满足各自市场个性化需求。第三，省级联社统一协调和边界鉴定，中小农商银行集中在框架内实现个性化。如果省级联社建立了接口平台，当内部核心系统等进行升级时，对外部各个系统的影响可以做到最小化。

省级联社实现开放银行架构，可以规划建立四类系统管理模式和部署方式，见表 4-1。

表 4-1　　　　　　　　　　省级联社开放银行架构

系统类别	说明	部署方式
A 类	省级联社统一管理，统一建设，如核心系统、信贷系统、财务系统等	省级联社统一部署、统一管理
B 类	省级联社搭建开放接口平台，开放各类接口，如开放银行接口平台、数据平台	省级联社与中小农商银行充分沟通，统一部署、统一管理
C 类	基于 A、B 类基础上，省级联社自建的标准化系统或者标准化智慧中台	提供给中小农商银行标准化版本
D 类	中小农商银行在 A 类、B 类的基础上，自建智慧中台或个性化系统	中小农商银行各自部署

在这种分类思想的指导下，省级联社通过"开放银行"管理方式落地新思路，各得其所。一是前线的个性化需求交给有能力的机构自己做；二是省级联社提供标准版，可以节约工作量；三是省级联社定好框架，抓框架和抓核心，也即抓住要点，防控住了风险；四是省级联社做大、做强接口平台，进而发挥"大平台、小法人"的机制优势；五是对于中小农商银行优秀系统，省级联社可以推广使用。

总而言之，省级联社要抓紧推动对内开放力度，并要调动发挥省级联社和中小农商银行两个方面的积极性。省级联社科技发展到今天，是非常不容易的，凝结了很多优秀人才的辛勤汗水。而中小农商银行发展的愿望也是应该鼓励的，其自建系统未必一定好，但也是为了发展，也付出了艰辛的努力。而今两个方面又共同面临一个新课题：如果再来一次疫情，能否提供存贷等基本业务的零接触服务。在科技日益成熟的今天，只要本着"方法总比问题多"的理念去做，横亘在省级联社和中小农商银行中间的系统掣肘因素，一定可以合力有效解决。

RETAIL
BANKING

第二节
场景化获客

好多人认为，中小农商银行做科技创新，更多的是为了服务存量业务。这个判断是有所偏颇的。原因在于，一是如果仅仅是存量业务，可能对金融科技的需求没有那么强烈；二是科技建设也是需要投入的，没有大量的客户新增，账是算不过来。做金融科技，算账主要有两笔，一是风险账，二是营销账，丢下哪一笔都不行。因此，需要先从获客角度逐步揭开金融科技的"神秘面纱"。

对于县域农商银行来说，获客似乎是一个无关紧要的问题。多年的坚守，已经通过工资代发、外拓营销、社保代发、粮食直补等批量方式，大面积甚至"全覆盖"地做到了扩面，客户大多开通了一类户，面签的问题基本不存在。有了这些基础，可以通过手机银行、自建系统等方式进行全面预授信。对于预授信额度、利率等有更高要求的客户，可以用其他产品进行挽回、再营销。

但是，对于"进城"的，或者是竞争比较激烈地区的中小农商银行，获客是第一道关口。传统的做法显然已经"失灵"。这就需要基于金融科技和实际场景，批量化获客。

关于获客，有位互联网专家有这样一个判断：线上流量的金融价值正在加速打折，多头授信、客户重叠的比例迅速升高；更加优质的金融流量，在"大行"而不在巨头，在线下而不在线上。对此，我比较认同。那么，中小农商银行怎样理解这一判断，并实施对应的举措呢。给大家推荐一个"124+N"的方法。

◯ **"1"是一个核心：体验至上**。线上获客与线下获客是有着本质区别的，线上获客更加看重的是体验。

对此，中小农商银行一定要从以产品为中心向以客户为中心转变，进而向以客户需求为中心靠拢。在客户需求洞察上，不能靠行内专家，也不能靠理论专家，而要走到客户中间。有数据统计，过去，银行40%~60% 的问题都是制定需求阶段埋下的"祸根"，而后期解决这些问题所付出的代价是制定需求时的 70~200 倍。中小农商银行对此可是"输不起"啊。因此，要本着"不打无准备之仗"的理念来对待。

在客户需求洞察方面，要重点做好市场前景和产品两个维度的工作。对于市场前景测算，有两个方法可供借鉴。第一个方法是先估计目标用户的基数、消费能力、意愿预算，通过这个数据推导出一个大概的数字，再与行业或近似行业公开报告进行比较验证。第二个方法是调研打算进入市场的价格、服务周期，评估自己产品是否可以给用户提供更高的效率和更低的成本，折算相当于市场原有份额的新规模。对于中小农商银行来说，产品测算可采取最小化可行产品验证方法。以快速投放市场为目标，围绕客户的核心需求，做简单功能的实现，不要多余的设计和高级属性的功能，测试客户的反馈，收集客户的意见。

总之，中小农商银行抓场景获客，既要算自己的账，更要站到客户角度想问题，业务流程越简单越好，要让客户在无感知、没感觉的过程中完成，不能总是这规定、那毛病；否则，客户会主动放弃我们，迟早也会因为客户的倒逼，让场景方放弃我们。

◎**"2"两个基点：账户体系、支付体系**。银行牌照的核心，离不开账户体系及支付结算体系，而银行能嵌入场景服务，就是弥补其他非银行金融机构在此方面的不足，共同打造服务生态。

具备条件的中小农商银行，用户体量不足可借助Ⅱ类、Ⅲ类账户拓展用户。一方面，在自有渠道全面支持Ⅱ类、Ⅲ类账户注册开通，让客户享受服务；另一方面，与第三方平台合作，输出账户体系，为自己引流。不具备条件的，可以利用移动展业、移动服务车上门批量开Ⅰ类卡，并完成手机绑定。

支付是让"账户"活跃起来的具体方式。中小农商银行可以选择自建平台，也可以选择"借船出海"或购买成熟产品。这方面，现成模式都有。但是，要把住两个主要关口，一是与省级联社系统无缝衔接，二是选择持牌机构合作。

◎**"4"是四个抓手：产品、营销、渠道、数据**。对于产品，主要是财富管理、家庭理财、养老理财和个人类线上贷款。重点是主动营销，切入场景，或者要选择和平台合作，借船出海。对于营销，立足存量维系，通过存量客群的需求分析，完善产品服务，形成口碑和情感营销，带动获客新增。可以采取围绕种子客户培养客群，利用热点打造品牌，不间断开展多种互动游戏，借助外部资源充实权益，提升内容展示效果等方式来推动。对于渠道，要本着开放银行、接口银行的方向去努力。线上渠道重点以API的输出嵌入和H5、小程序的轻服务为主，减少对APP等重服务渠道的投入。线下渠道除了自有网点，借助外部，以社区化、多样化经营为主，让金融服务无处不在。对于数据，要内外结合，一方面引入外部平台，另一方面要完善内部数据治理。重点是两项工作，一是把能存储起来的数据尽可能地存储起来，二是抓紧应用。因为数据像陈年老酒，越久越香。应用就像鱼，越久越臭。

○ **"N"是多个场景**。这方面，中小农商银行一定要有选择地去做，千万不要贪大求全。下面推荐几个比较可行和实用的场景。

一是惠民便民工程场景。中小农商银行可以发挥地方性银行与当地政府的天然紧密优势，盯紧政府惠民、便民工程场景，切入金融服务，重点关注税务、教育、就业、养老、不动产、社保、法律等领域，如图 4-1 所示。

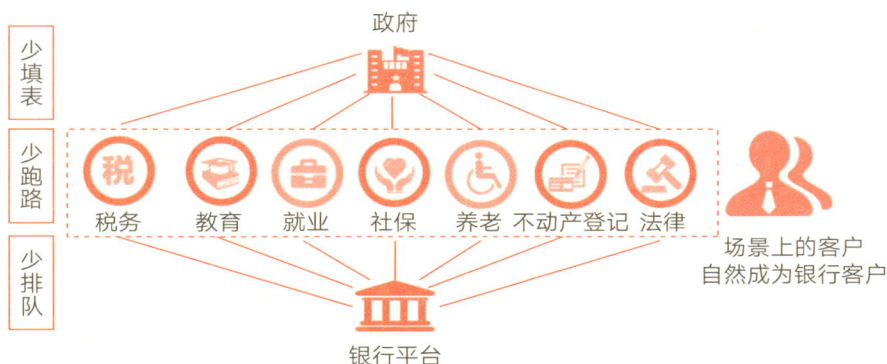

图 4-1　惠民便民工程场景参考图

二是代发场景。这方面既要利用移动展业、移动服务车上门开Ⅰ类卡，也要发挥Ⅱ类、Ⅲ类账户的作用，打破地域限制。路径参考图4-2。

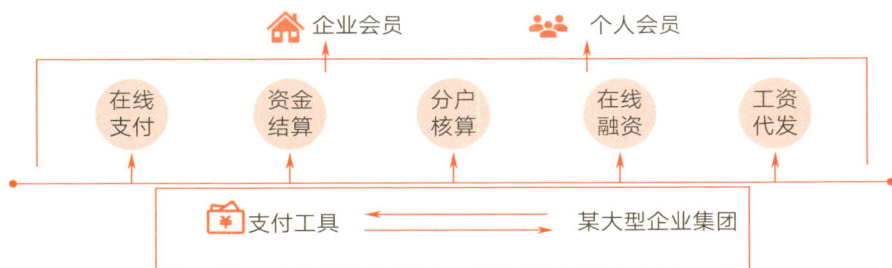

图 4-2　代发场景参考图

三是校园场景。中小农商银行在校园选择上，可以找大型银行未抢占的普通高校或专业技校，或进一步下沉到中小学校园管理场景。可参照图 4-3。

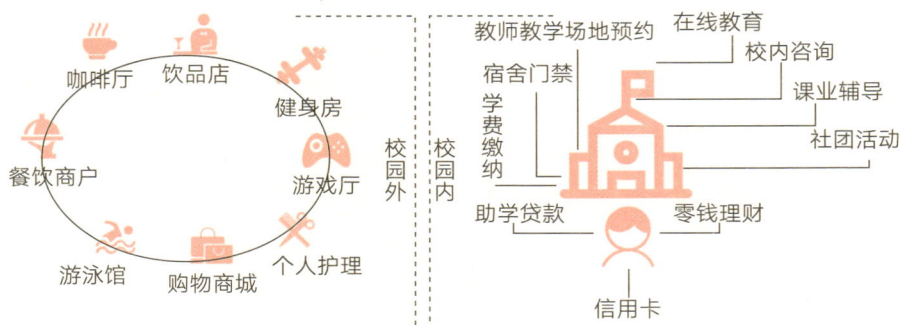

图 4-3　校园场景参照图

四是社区服务场景。重点是对线下网点进行改造，提供便民生活空间。主要有三个方向：第一个方向是生活类场景，比如将网点改造成为 24 小时居民食堂、社区菜场、社区打印店、社区洗衣店等。第二个方向是娱乐类场景，提供更多的健身娱乐设施，健身器材要兼顾年轻人和老年人的需求。也可以改造为教室，提供多种教学空间，运动类教室如舞蹈、走秀、瑜伽等，生活类教室如烘焙、插花等。第三个方向是政务类场景。将自助设备功能复合化，除了银行业务功能，可利用自助设备厂商与政府服务功能的叠加，吸引客户走进银行网点，如企业注册、营业执照打印、缴税服务等。

中小农商银行在场景化获客方面，可以说是"一长一短"。长处在于场景好找、好"协调"；短板在于技术触达。既然看到了这些，就要有针对性地扬长避短。这样，在各自的小天地里就能够做到铺天盖地的获客效果。

第三节
大数据风控

风控能力是一家银行生存和发展的核心能力之一。对于风控的认识，不能仅仅停留在贷款领域，而应该是全面风险管理。在中小农商银行从过去的信贷风控向全面风险管理转变的过程中，大数据风控既是一个全新课题，又是一个不得不面对的全新挑战。

一是移动互联网的普及，使零售金融的风控要素从低维、低频、低可信的"财务数据"变为高维、高频、高可信的"行为数据"，零售金融风控的方法论已经出现了代际跃升，而中小农商银行才刚刚开始这方面的认识和尝试。

二是城乡客群之间的"数据鸿沟"正在被填平，各类客群的数据饱和度和程度使数字化风控已经具备了技术条件。"比你还了解你自己"的大数据风控，无论是技术维度还是应用维度，都已进入全面普及阶段。中小农商银行能否搭上"这班车"，一定程度上决定着未来发展的长度和宽度。

三是面对大数据风控没有经历长周期检验的质疑，数据化风控的"大样本量"和样本的"广覆盖面"能够弥补"长周期性"的不足，已经具备很好的科学实证基础。这就为下一步监管政策的放开提供了足够的依据，中小农商银行过去的"质疑""观望"等态度，一定要抓紧丢掉，因为追赶数字化的"时间窗口"正在逐步关上。

在这种趋势下，中小农商银行要对传统的信贷风险管理进行革命性的改变。从定性粗放式评估到定量精细化评估，从风险管控和处置到主动经营风险，从风险事后处置到风险事前预警，从单一风险管控到全面风险管理。特别是商业银行互联网信贷具有授信额度较小、规模经营的显著特征，要求风险管理能力与效率并重，因此，要紧密关注千人千面（营销端）、欺诈风险（风控端）、客户生命周期考察（客户经营端）、信息安全（技术支撑端）四个关键风险点。

要迎合这种趋势，中小农商银行至少要从七个方面作出新的改变。一是在整个信贷生命周期过程中，统一评估和控制贷前、贷中、贷后的信用风险。二是建立预先授信和预先续贷机制，以自动化和智能化方式快速决策，大力降低成本。三是科学设定和调整信贷产品，做好信贷产品组合。四是科学设定和调整信用额度，制定统一的授信标准。五是基于风险设定和调整贷款价格，按风险定价，对不同风险水平的客户实现差别化和精细化管理。六是严格控制逆向选择现象（即高风险客户往往对贷款需求最强烈），尽可能将"流氓客户"排除在外。七是科学设定和调整期限，满足客户需求，降低提前还贷比率。

写得天花乱坠，要做的事情也很多。不如先来看一下线上信贷风险的总体架构，见图4-4。这样看更加直观。

可以看出，线上贷款的基本"路数"与线下贷款大致相同，不同地方，在于采取的方式不同。就好比同样是吃饭，过去要去饭店，现在拿着手机就能点餐并等着送到家里。在这个总体架构中，主要有以下几个方面的核心要义。

○ **数据是风控的关键性因素。**大数据风控，数据是基础。根据权威专家的分析，大数据风控中，各数据也服从20/80法则，20%的数据贡献 80% 的价值，信贷或保险数据对于大数据风控价值的贡献高达80%。因此，行内数据特别是信贷数据，对于中小农商银行来说是一个"宝藏"，挖掘意义很大。

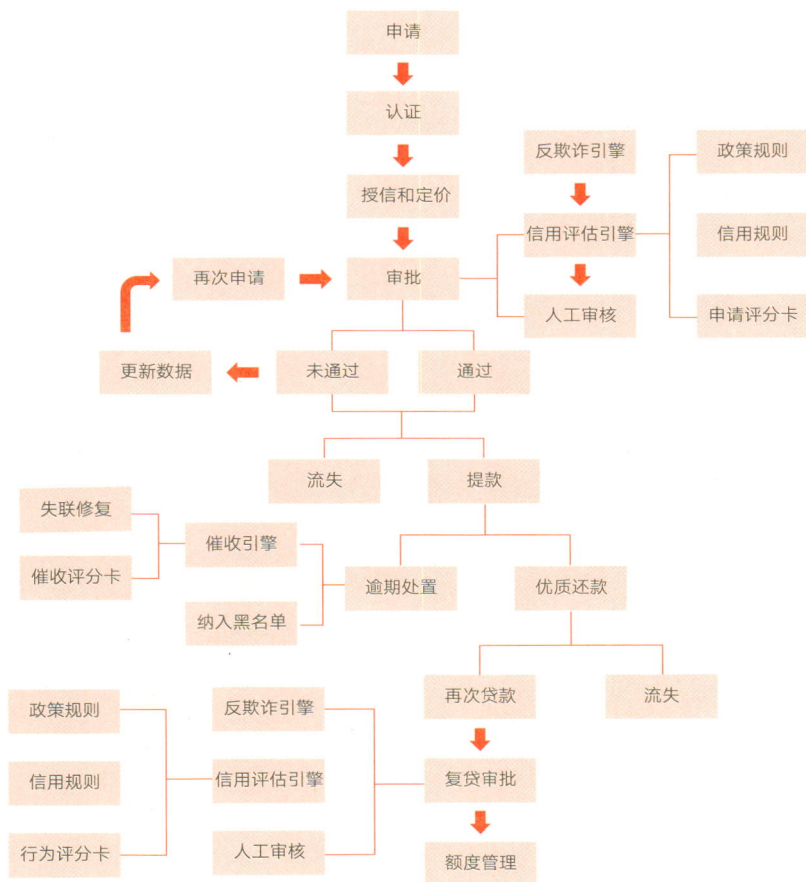

图 4-4　信贷风控总体架构

其他的风险数据也必须用上，否则，对于没有信贷数据的人而言，是无法评估其风险的。非信贷数据主要包括支付、社交、运营商、物流、搜索、行为、设备、使用 APP 过程中 SDK 记录下的 IP、时间等其他数据。对于这些数据，主要还是要与正规的第三方公司合作取得。要有选择地用数据，要选择头部企业合作数据业务。

政务类数据真实、及时，对于当地客群的画像和风控意义巨大，但这要看当地政府对于数据治理的能力和开放的态度。相比于其他银行，中小农商银行在获取这方面数据的优势要更大一点。关于数据类别，可参照图4-5。

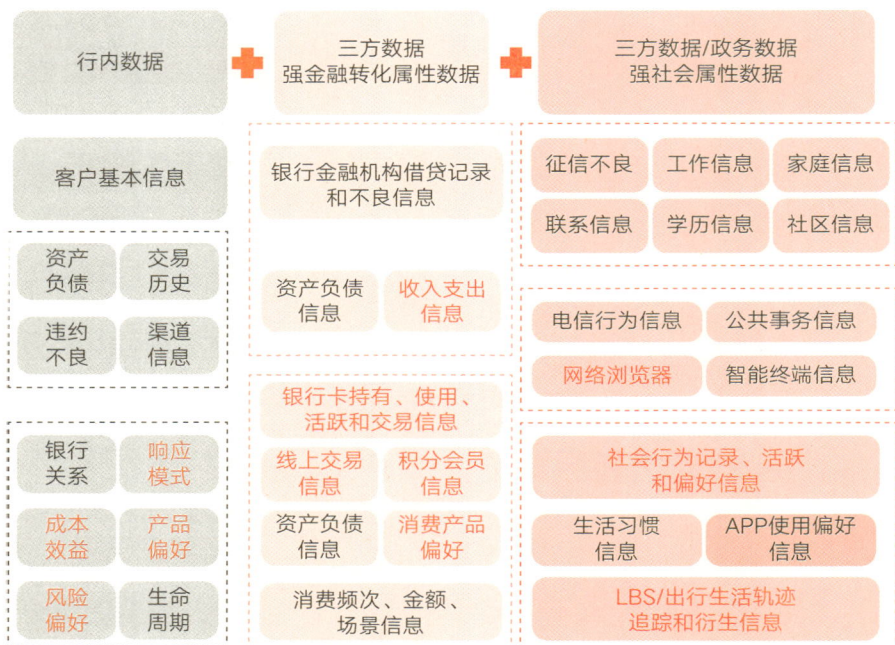

行内数据 ✚	三方数据 强金融转化属性数据 ✚	三方数据/政务数据 强社会属性数据		
客户基本信息	银行金融机构借贷记录和不良信息	征信不良	工作信息	家庭信息
		联系信息	学历信息	社区信息
资产负债 / 交易历史 违约不良 / 渠道信息	资产负债信息 / 收入支出信息	电信行为信息	公共事务信息	
		网络浏览器	智能终端信息	
银行关系 / 响应模式 成本效益 / 产品偏好 风险偏好 / 生命周期	银行卡持有、使用、活跃和交易信息 线上交易信息 / 积分会员信息 资产负债信息 / 消费产品偏好 消费频次、金额、场景信息	社会行为记录、活跃和偏好信息		
		生活习惯信息	APP使用偏好信息	
		LBS/出行生活轨迹追踪和衍生信息		

图4-5　数据类别参照图

（资料来源：根据公开资料整理）

根据王军伟在《风控：大数据时代下的信贷风险管理和实践》中的观点，数据源是数据分析或挖掘效果的主要因素，其占比高达65%；其次是数据标准化，占比为6%；再次是由什么样的团队和选择什么样分类方法，占比为3%；最后是变量数量，占比为2%。这几个数据分析和挖掘的要素决定了最终效果的85%，见图4-6。笔者对此的理解是，一看数据真实性，二看这事儿谁来做。

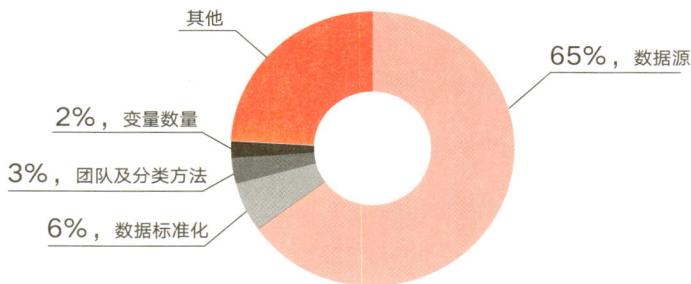

图 4-6　影响数据风控因素占比图

基于这个理论，中小农商银行一方面要重点挖掘行内数据特别是信贷数据，利用地方银行的优势，充分获取当地工资代发等真实性数据，对接第三方公司获取非信贷数据；另一方面要加强数据的应用技术支撑和能力建设，缺一不可。有数据，用不起来，就变成了"端着金碗讨饭吃"；能用起来，数据不够大，就是无本之木，无源之水。

与此同时，中小农商银行要本着尽信"数"则不如无"数"的理念来看待大数据风控。不能把一切都交给大数据，大数据风控并不能完全解决小微企业等群体的全部问题，也没有任何一个风险模型是绝对准确的。中小农商银行从数据大到大数据还有很长的一段路要走，对于大多数的信贷业务，大数据风控只有结合人工信审，才能靠得住。

○ **模型是风控的主要手段。**大数据风控，除了数据，就是模型。风控模型包括但不限于欺诈模型、申请评分模型、定价模型、初始授信额度模型、行为评分模型、账龄滚动率模型、催收模型、失联模型、市场响应模型等。

这其中，欺诈风险是最大的风险。一些资料显示，目前欺诈团伙已经专业化、团队化、产业化，人们习惯上称之为"黑产"。但凡线上业务涉及信用的，几乎没有没受到过攻击的。这个其实也好理解，从来有明就有暗、有正就有邪，任何事情都是有两面性的。只是中小农商银行恐怕经不起这样的"黑产"冲击。因此，欺诈模型是最主要的模型，对于欺诈风险也要格外重视。

防范欺诈风险是"第一道关口"，也贯穿贷款全过程。首先是营销环节。线上线下结合的模式可以要求营销人员亲见申请人、亲见申请人证件、亲见申请人在借款协议或申请表上签字和亲核申请人单位。但是，纯线上业务，比如商业银行的互联网贷款、与第三方合作的联合贷，借款人和贷款人不见面，全凭数字化判断，对模型的要求就更高了。这也是笔者一再主张中小农商银行采取"线上＋线下"信贷模式的主要依据。不要贪图互联网金融的便捷，一方面是能力做不到，另一方面也经不起这样的"折腾"。其次是审批环节，主要通过信息校验的方式，核实申请人提供的申请表信息项的真实性，核实申请资料的真实性，核实借款人身份的真实性。最后是贷后管理环节。要持续进行违约情况观察，信息关联排查。这属于事后甄别，但也要做到及时止损，总结经验，反馈前端；加快模型迭代。

○ **自动化审批是大数据风控的显著特征**。对于线上业务，一般根据业务种类和风控能力来决定审批模式。对于小额、高频业务并且具备足够风控能力，一般依靠评级模型的自动化审批就可以。但大多数业务，还是要依靠评级模型的自动化审批和专职审批人员的人工审批来共同完成审批决策。

数据化、自动化是传统银行与互联网银行风控的主要区别，见表 4-2，中小农商银行要在传统风控模式的基础上，不断向这个方面靠拢。

表 4-2　　**数据化、自动化是传统银行与互联网银行风控的主要区别**

项目	主流银行	互联网银行
决策方式	因果性决策	相关性决策
模型类型	专家经验型模型（逻辑回归）	机器学习模型（GBDT/随机森林）
数据来源	财务、征信数据	各类行为数据
评估流程	3~5 个步骤	由上千个决策树组成的决策网络
使用数据量	几百 K 数据	几百 M 数据

资料来源：根据公开资料整理。

◯ **实时审批是自动化审批的魅力所在。** 大数据风控审批和其他审批模式既有区别，也有相同之处，主体都是为了防控风险。但大数据风控审批还有一个特点，那就是快。为了提高效率，从申请开始，每一步的信息都要通过分布式计算方式来完成相关计算和匹配。也即从客户申请开始，到最后完成申请，所有评分、规则都是分布式的，这也是大数据风控竞争力的关键：决策时效高、客户零感知。

因为依靠自动化来完成，因此，所有决策规则、决策策略、决策参数、决策阈值等，都以代码和表格的形式写入系统中。当客户的数据触发某些条件后，就会自动运行，给出审批结果（通过 / 拒绝），并且不需要人工干预。在自动化审批系统中，申请评分、反欺诈规则、反欺诈社交网络等都是关键因素。一般多个模型效果会更好一些。重点在于模块怎么组合，这是决定风控效率的关键。

图 4-7 是实时审批的"三要件"简图。可以看出，实时审批犹如一个倒三角，根本在大数据，核心在计量模型，载体在信息系统，互相助力，缺一不可。

核心：计量模型　　　　　　　　根本：大数据

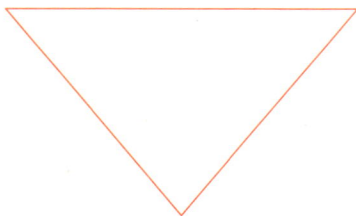

载体：信息系统

图 4-7　实时审批"三要件"简图

那么，自动化审批是不是就不需要审批人员参与了，他们之间又是什么关系。对于中小农商银行来说，大数据自动化审批是一定需要审批人员参与的。一方面是大多数大中额贷款业务需要人工参与审核，另一方面是要将信贷政策等诉求转化为系统体现方式。自动化审批只是将人工审批的经验和知识转化为程序代码，自动化审批决策系统是人的思想运行载体。个人审批受个人情绪、认知等影响，容易使结果不够客观。自动化审批六亲不认，更加客观。信贷审批人员要将审批业务的精力更多地转移到策略制定、规则制定、指标构造、模型搭建、系统设计等关键问题上，并通过 MIS 系统来评估这些效果和找出需要改进的地方。也即信贷审批委员会要作信贷政策的制定者，执行交给信贷工厂，信贷工厂由模型和人工结合执行。这与传统授信模式和风控模式是有着本质区别的。

对于中小农商银行来说，目前大数据风控大多数属于"试水"阶段，但这是发展的必然趋势。虽然中小农商银行的业务主要在线下，但这不影响风控朝着大数据风控的方向发展。总体来说，有三个方向。一是风险计量从人盯人转向大数定律；二是风险管理方式从地域管理向工厂管理转变；三是风控责任从以支行及客户经理风控为主向以总部风控为主转变。中小农商银行要顺应大数据风控的发展趋势，即使暂时没有线上信贷业务，线下信贷业务也要借鉴这种理念，也可以局部运用大数据风控的技术，逐步向这方面发展。

RETAIL
BANKING

第四节
线上贷款的三种实践

实践出真知。中小农商银行在线上贷款方面已经作出各种实践。概括起来看，主要包括三种模式。

◎ **简易实用型**。对于数据、模型等条件不具备的中小农商银行，先尝试把线下的业务"放"到线上，一方面用线上解决流程效率提升问题；另一方面实现审批真实留痕，进行一定程度上的风险控制，见图 4-8。从贷款申请开始，到贷款初审、贷款调查、信息录入、贷款审批，再到机器人录入核心系统，把线下的贷款流程用电子化的方式搬到了线上，让机器替人干活、跑路，节省下了大量的人力、时间和纸张等费用。

别看这种做法简单，却非常实用。它有几个鲜明的特征，一是上手就能干，中小农商银行好接受；二是流程全部电子化，全部留痕，可以避免线下克服不了的道德风险，便于尽职免责；三是时间节点非常清晰，可以提升办贷效率，节约成本；四是调查环节切入 GPS 坐标等技术，可以监控贷中贷后是否严格落实，以及可以将信贷经理的贷款管理情况直接对应到绩效考核系统，动态进行星级评定等评价；五是各个环节的工作可以"切片"，每一步流程设置专门岗位，每个岗位专注做一件事情，员工会变成熟练工和行家里手。

1.贷款申请 ⟶ 2.贷款初审 ⟶ 3.贷款调查 ⟶ 4.信息录入 ⟶

多渠道同步支持　　内外部数据同步　　多规则确保分配合理　多媒体信息采集
微信、厅堂、PAD　房产、土地信息　　客户经理就近分配　　录入信息规范
　　　　　　　　　客户征信信息　　　客户经理指定分配　　视频直播
　　　　　　　　　第三方数据信息　　陪调人随机分配　　　报告自动生成
　　　　　　　　　　　　　　　　　　远程踏查

5.贷款审批 ⟶ 6.核心系统无人操作

无纸审批　　　　　信息同步
电子签名　　　　　机器人模拟录入
线上审批会

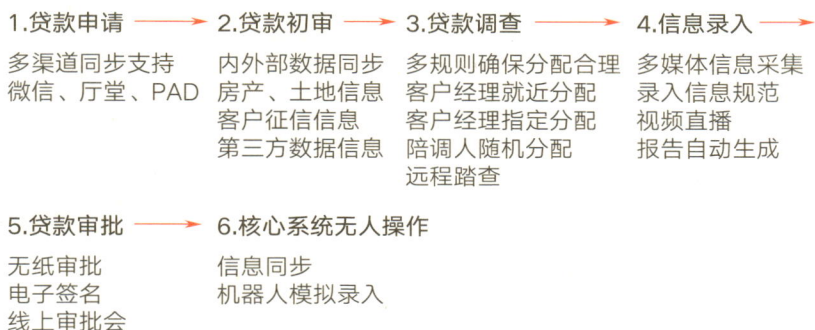

图 4-8　简易实用型线上贷款流程图

（资料来源：天泽科技）

这种方式的拓展性也非常强，根据中小农商银行的技术升级进度，随时可以切入线上获客、大数据风控、贷款预警等功能。基于自动化系统和数据接入的标准化接口，可以实现申请流转规则、评分卡及审批策略等智能化部署。因此，看似简单而实则不简单。

◌ **标准型。**这种方式主要是省级联社支持接口开放，能够拿到当地有效数据，且自身客户覆盖面足够大的中小农商银行的"打法"。这种方式是中小农商银行的最优方案，YD 农商银行就是一个典型的例子。

该行推出的 JNY 贷以个人的信用为基础，综合利用市政府智慧城市社会化数据以及互联网技术，同时以省级联社手机银行和网银端为载体，为辖内所有 18~65 周岁居民提供 50 万元以内普惠式、智能化、便捷的信贷服务。系统实现网上自动准入、授信、用信、利率定价和贷后预警等功能，存量客户自发起授信申请至完成贷款发放平均用时在 3 分钟以内，新增客户 T+1 完成授信，达到了"极简金融""极致体验"的初衷。图 4-9 是该产品的功能简图，可以参考一下。

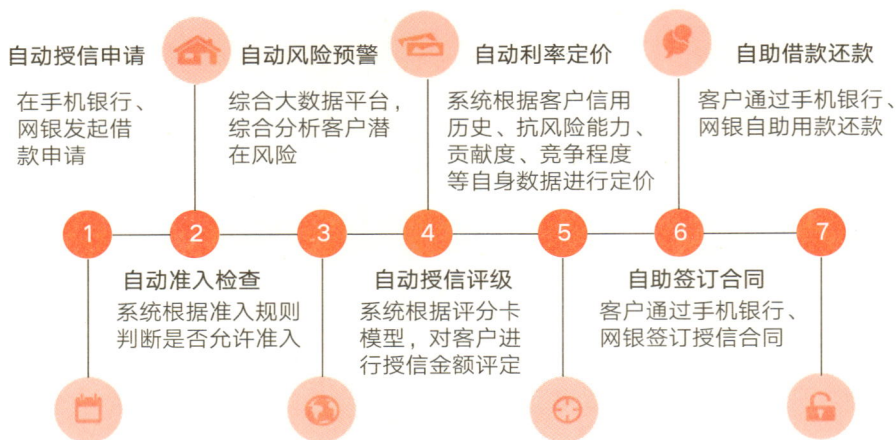

自动授信申请
在手机银行、网银发起借款申请

自动风险预警
综合大数据平台，综合分析客户潜在风险

自动利率定价
系统根据客户信用历史、抗风险能力、贡献度、竞争程度等自身数据进行定价

自助借款还款
客户通过手机银行、网银自助用款还款

① ② ③ ④ ⑤ ⑥ ⑦

自动准入检查
系统根据准入规则判断是否允许准入

自动授信评级
系统根据评分卡模型，对客户进行授信金额评定

自助签订合同
客户通过手机银行、网银签订授信合同

图 4-9　标准型线上贷款流程图
（资料来源：根据公开资料整理）

　　该产品的模型主要有四大类，即贷前准入模型、信用评级模型、实时风险控制模型、贷后风险预警模型。贷前准入模型主要是筛选不符合贷款条件的客户；信用评级模型主要是依靠 FICO 打分卡，利用一定的信用评分指标，得到不同等级的信用分数，根据客户的信用分数，来决定客户可以授信的金额；实时风险模型是基于客户家庭关系、企业及股东关系、转账及现金交易关系，评估客户风险指数，从而控制信用风险；贷后风险预警模型主要是进行贷后管理，发现预警风险及时处理。

　　支持该款产品的系统有手机银行、网上银行系统，本地系统，省联社核心系统。客户通过手机银行、网上银行自主发起借款申请，本地系统受理客户申请，对客户进行准入检查、授信评级、调查、审查审批，审查审批通过后，客户签订电子合同，以本行银行卡为载体，对客户进行授信。授信完成后，客户通过手机银行、网上银行自助办理贷款、还款业务。

　　此种模式中，有几个关键点。一是本土数据。该行充分利用了当地智慧城市建设契机，汇集当地 78 个政府部门、1100 多类、35 亿条数据，重要数据信息即时更新，为大数据风控提供强力支撑；将社会化大数据（家庭信息、司法信息、行政信息、医疗信息、社保信息）、本行存量数据（代发工资、各类收费等信息）、核心系统数据（存贷款信息、账户交易、人行征信等信息）运用到模型当中。模型的建立花了 2 年的时间，采取"自我为主、外脑为辅"的策略。二是客户基础。该行在当地市场具有绝对的市场占有率，客户经理的客户资源丰富，并且"丰富"到仅靠线下手段已经无法满足业务需求的地步。三是省级联社的接口支持。他们的基本做法是"大外挂、小核心"，建设路径是，手机银行进件→本地化系统审批→省联社信贷系统放款。可以看出，这是典型的嫁接式金融科技。

除了上述贷款，该行还建立信贷工厂，将线下的 50 万元以上的 20 多类产品陆续搬到线上，实现通过线上和线下结合的模式管理大额零售贷款。信贷工厂建设就是在以往信贷风险分析的基础上，重新梳理现有产品，结合应用数据分析，实现信贷产品准入、利率定价、贷后风控标准化。在以往贷款发放流程的基础上，通过运用智慧城市数据，简化资料录入，通过移动展业实现移动信贷，提高客户体验。采取中央风控的方式，建立总行审批官团队进行集中审批的作业模式。这支审批官队伍平均年龄超过 30 岁，从业至少 2 年，贷审会实行 AB 角，审批人员每天每人审批几十笔。

这是笔者最为推崇的线上贷款模式，既符合中小农商银行的业务和地域实际，又迎合了客户的需求和发展的趋势，是典型的利用互联网技术改造传统业务的做法。但对各方面要求相对较高，前提是省级联社的态度，根本是当地客群基数和数据获取，核心是中小农商银行的人才队伍。

○ **三方合作型。**这种模式适合城区型农商银行。这类银行的一般农区阵地不足以支撑其业务发展，主要服务区域城镇化程度较高，主要服务客群多为新拓展的客群，且省级联社接口不能支持、当地数据获取难度较大。BT 农商银行是这方面的一个典型案例。

在"不动"现有核心、信贷等系统的情况下，按照监管部门"客户只跑银行一次"的要求，该行联合科技公司力求寻找一种新的解决方案：充分利用线上获客、大数据风控的优势，并发挥线下网点的优势，探索 O2O 业务模式，以及建设基于智慧中台的"信贷工厂"整体架构支撑。

具体的做法是，客户通过该行微信公众号或渠道营销二维码提交借款申请，银行通过外部大数据信息、内部还款信息等建立风险模型，营销、进件、审查、审批等环节在线上完成，签约、双录、放款等环节在线下完成。其中，决定效率的核心环节在线下。该行引入了智能机器人录入功能，将之前一笔业务录入时间至少半小时以上，节约为 6 分钟之内。这个过程将其他线下业务环节一并完成。目前上线两类三款产品：信用类铺底产品、提额产品、抵押类产品。

信用类产品定位于大中型银行不愿做、金融科技公司做不好的普惠客群，为当地的市民百姓提供小额、易得的信贷产品，满足本地居民小额的资金需求。业务流程如图 4-10 所示。

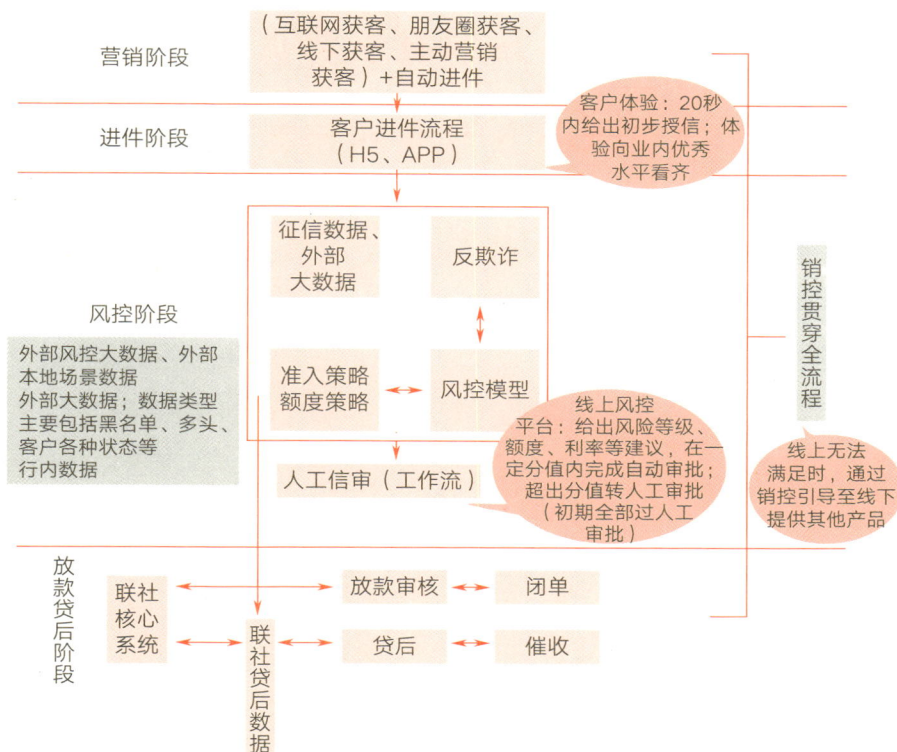

图4-10　三方合作型线上贷款流程图

这种模式具有以下几个显著的特点。

第一，开放的营销、进件渠道。通过营销线索的绑定，实现多渠道营销获客，既可以通过互联网渠道端获客，又可以通过客户经理移动展业获客，客户也可以自行通过微信公众号发起申请，或通过扫描渠道二维码、营销人员二维码、客户经理 APP 发起申请。营销渠道从传统线下渠道，拓展至互联网平台，流量开放多样，同时每个营销渠道均有唯一的渠道编码，便于流量监控、贷款质量的跟踪、评价，营销渠道的调整。

第二，明确的客群定位。产品定位为 1+N 产品体系，以小额信用贷为铺底产品，这是普惠性的产品，客群定位为有稳定收入、无不良嗜好、无不良征信的本地居民，N 是提额选项，根据客户的社保、公积金、房产、车产、子女等资产，从侧面反映客户稳定性、违约率低等特性的条件，实现增额、降息。目前接入了当地的公积金数据，实现接口实时查询提额，小额普惠，大额服务本地高精客户。

第三，便捷的客户体验。线上业务申请，须让客户有便捷、高效、超强获得感的优质体验。在业务流程设计上，除必要的风控要点控制外，能不要则不要，能接数据源校验的，决不让客户提供。信用贷客户端业务流程中，20 秒出初始额度，2~3 分钟完成全部申请。对客户来说，资金的可获得性、快速获得是最重要的。因此，从客户角度出发来设计产品、设计流程绝非空话，当然也非易事。详见图 4-11。

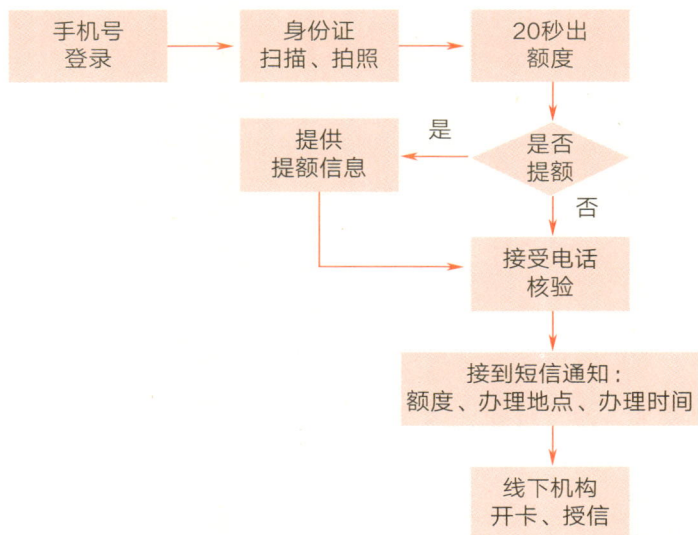

图 4-11　客户端业务办理流程简图

第四，基于数据应用的风控措施。在前大数据时代，通过传统的制度建设、经验判断、客户提供的小数据分析来规避风险。后大数据时代，引入有价值的外部数据与行内的信息进行有效整合，为客户建模画像，并不断根据贷后数据修正模型。数据类型主要包括涉法涉诉、网络借贷黑名单、多头等欺诈类信息，社保公积金等稳定性信息，身份证号码、手机号、工作、家庭等个人信息，房贷、车贷、信用卡等负债信息及还款能力信息，历史违约等负面信息等。在利用大数据进行建模的基础上，初期加强人工信审的介入，全面修正模型，全面提高信贷资产质量，利用金融科技赋能，解决普惠金融信息不对称、缺乏有效担保等难题。人工信审后，派单至网点，进行开卡、"双录"、放款等相关操作，并通过线下环节有效防控欺诈风险。

第五，高效的移动调查、审查。通过客户经理进件端，提高客户经理移动营销能力和移动展业能力，同时通过移动端标准化操作步骤，让系统代替人去操作易错、标准化部分，客户经理完成需人参与核实的部分，下户即完成调查，大大提高工作效率。

第六，全流程销售跟踪。根据经验值，互联网金融获客成本大约为每户数百元。而该模式远远低于这个成本。同时，可以将进件客户的效能发挥到极致。在业务流程中设置了销控角色，负责线上客户的跟踪营销，对流程中各步骤中断达到一定时间的客户进行挽回与营销。对线上业务无法满足的客户，引流至网点办理，充分发挥点多面广的优势，转化为有效客户。与此同时，线上审批通过后，派单至网点进一步对客户进行二次深挖与营销。

第七，组织架构保障业务发展。该行专门设立智慧中台，为线上和线下结合的信贷模式提供保障、支持。该中台负责O2O业务的架构设置、风控、集中操作、营销推动等事项，达到统一规划，执行标准一致。自动化审批与人工审批有机互动，线上线下有机结合，实现了及时决策，集中操作，优化流程，提高效率，为信贷人员减负、保障快速响应客户等目的。

第八，建立银行数据资产。通过前中后台、行内行外、本地化的数据积累，逐步形成全面的数据管理模式，建立具有客户画像、反欺诈、营销渠道等不同特征的数据库，形成自有的数据资产。

通过梳理该行的模式特征，可以看出几个鲜明的优势。一是获客方面，方式灵活，渠道多样；二是组织架构方面，中台的价值很大，也符合未来发展趋势；三是风控方面，采取"大数据 + 人工信审"方式，符合中小农商银行的贷款实际；四是客户营销方面，线上线下多套拳组合，便于留住客户；五是"客户只来银行一次"符合监管的要求，且能够避免欺诈等大概率风险，并为客户提供不一样的服务。

这种模式还有两个可延展的方面。一是同 YD 农商银行的案例一样，BT 农商银行也在这套流程的基础上契入了抵押贷款等产品的信贷工厂，并设置了不动产服务点、公证、保险等一体化的操作流程，实现最快当天下款、最慢三天放款的效果，也陆续将线下产品标准化后搬到线上，逐步实现全产品体系的线上线下结合运行。二是只要省级联社接口支持，可以很快接入，客户只需在任何网点办理一张 I 类卡、完成面签即可，其他全部在线上完成。

以上是中小农商银行基于实际摸索出的三种模式。各家行实际情况不同，带来的具体做法也不同，但主要的逻辑是一致的，这种探索精神更是值得肯定和学习。中小农商银行可以根据自身具体实际，充分借鉴，糅合使用。还是那句话：办法总还是有的。

第五节
智慧信贷工厂模式

- -

　　基于各地对线上信贷业务的实践，笔者结合各方专家理论，提出一个"智慧信贷工厂"的模式，并坚信这是中小农商银行发展线上信贷业务的现实选择和可行路径，供中小农商银行来研究和探索。

　　先来看一下几个传统的信贷模式的对比，见表 4-3。

表 4-3　　　　　　　　　传统信贷模式对比

信贷方法	定义	优势	劣势
传统信贷	基于"5C"（信誉、能力、资本、担保、环境）以及连续性来进行信贷分析。 信誉：主要是过去的记录和积累的经验，表明还款意愿。 能力：偿还所借资金的能力。 资本：财产的净现值。 担保：对本息安全的保护，包括担保、抵押、质押、共同借款人等。 环境：社会经济环境。 连续性：现金流是否稳定。	1. 专业的知识储备和丰富的人际关系资源。 2. 目标客群一般是优质客户。 3. 靠社区来获得，相对比较了解，符合"熟人社会"的特点。 在催收和不良资产处置方面的优势，是互联网金融所缺失的。	1. 过于依赖人际关系。 2. 目标客群相对小众。 3. 存在集中度风险。

续表

信贷方法	定义	优势	劣势
IPC信贷	由信贷人员全程参与客户信贷的信用审核、风险评估、审批决策、款项回收、逾期催收各个环节，主要面对数据资料不全的小微企业客户。也可以直接应用到消费信贷的审批过程，对无信用记录、无银行流水的申请者，主要采取电话调查的方式，收集收入、资产、支出等信息，"虚拟"个人"三表"（资产负债表、利润表、现金流量表），以及通过爬虫技术获取房产等数据，交叉检验。	1. 全程参与，眼见为实，保证真实性。 2. 分析角度全面，相对客观反映客户真实意愿和能力。	1. 以过去推算未来，对未来影响客户的因素考虑太少。 2. 需要核实的信息太多。 3. 劳动密集，成本高，拓展边界有限。 4. 容易造成团伙作案。 5. 依赖个人经验和知识，依靠个人审核，无法控制多头借贷、欺诈等风险。
信贷工厂	对信贷流程进行功能性分割，对于客户接触、调查、审查、审批、发放贷款、贷后管理和回收贷款、催收等工作，以流水线作业，标准化管理，并以模型为主、人工为辅的方式来识别风险。	1. 提高效率和客户体验，降低运营成本。 2. 便于团队、渠道管理，缓解逆向选择和道德风险。 3. 避免个人经验不足或过度依赖经验带来的风险。 4. 简化工作流程，降低监督成本。	1. 出专才难以出通才。 2. 对于系统、数据、模型的认知必须达到一定高度才能真正落地，有一定门槛。 3. 人才难得。

通过这样的对比，我们可以直观地感受到，每一种信贷模式都有其优点和弱势，当下，可能这些方式都比较实用，但未来一定时期，主要的趋势是人机结合，未来的未来，主要趋势是更多的机器代替人。因此，笔者提出的"智慧信贷工厂"是融合这几种传统信贷模式，嵌入了互联网技术和风控手段，具有一定包容性和长远性的模式，以期助力中小农商银行实现取长补短、扬长避短。详见图4-12。

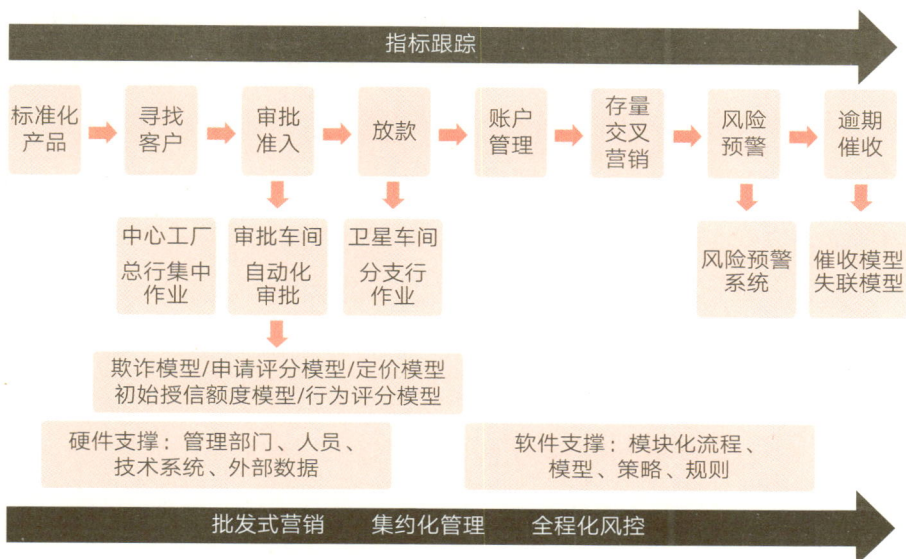

图4-12　智慧信贷工厂简图

通过图4-12可以看出，智慧信贷工厂没有改变传统的信贷底层逻辑和基本流程，但融入了新的技术和风控手段，既维系了现有的业务结构，也嫁接了互联网金融的思维和做法，实现批发式营销、集约化管理、全程化风控。

◎ **信贷产品标准化。**智慧信贷工厂建设的第一步，是信贷产品标准化。通过产品标准化，不同类型的贷款匹配不同的业务流程，利用科技手段将这些流程标准化、可配置化，将整个产品体系建设得有体系、有个性，既能统一管理，又能满足个性化需求。

◎ **营销智能化。**有了产品，就要找客群。在营销端，通过移动设备的使用，改造传统的线下营销、填写纸质申请表的业务流程，实现O2O的营销与进件模式，并前置部分风控决策判断，主要是客户申请信息、申请人身份、申请资质的真实性验证，从源头上切断欺诈来源，排除不符合条件的人群。这里面，涉及征信授权查询，有人工查询和自动查询两种，都需要通过远程视频或者远程签字等方式进行。

◎ **审批模式化**。进件以后，根据产品种类不同，匹配不同审批流程。在决策端，将原有人工判断的政策性规则纳入系统自动化决策流程，同时整合并应用内外部多维大数据，丰富风险评估维度。在风控端，引入模型算法及风险计量工具，对信用风险与欺诈风险进行量化评估。对于数据充足、风险可控的，可以通过审批车间，直接自动化审批通过。对于金额较大、风险较大的，大部分要基于集中作业中心的人工信审进行复核。必要的话，在营销、尽调、补充信息等方面，要实现总行和支行的及时互动。

◎ **贷后管理多样化**。贷款审批通过后，在管理端，基于数据、算法及系统应用，在贷后阶段持续跟踪并有效识别存量客户的风险变化，实现智能预警、催收等功能。特别是催收，要打出总行集中作业中心智能催收、电话催收和支行人员上门催收等多套组合拳。这要比互联网银行纯粹智能催收等方式效果好得多。

补充说明一下，新技术与存量业务、新增业务的融合是有区别的。不同于全新业务上线时的一体化设计，存量业务更需要恰当的安排。金融科技在存量业务中的应用通常需要打破原有业务流程、风控方式并进行重组，嵌入新的技术手段。在此过程中，特别需要注意新流程与原有流程的融合、新技术与原有技术体系的相互补足。还要考虑由此导致的不良"技术性"风险问题。因此，新增好做，存量难为。

通过上面的简单介绍，中小农商银行要建立智慧信贷工厂，一定要分阶段推进，先易后难，逐步升级，并在这个过程中，务必抓住五个关键点：一是标准化操作；二是工厂化流程；三是集中式数据审批；四是评级模型及策略的自动决策；五是全面系统化处理。

表 4-4 对中小农商银行传统业务做法与智慧信贷工厂做法作了一个比较，可以进一步看出区别并加深理解。

表 4-4　　　传统业务做法与智慧信贷工厂做法比较

项目	传统业务做法	智慧信贷工厂做法
客户申请	传统人工申请（线下）	线上与线下申请相结合的客户来源
业务受理	1. 单户受理 2. 少量批量受理	1. 集中受理（作业经理受理） 2. 自动受理（系统与平台衔接、自动引入申请表单信息）
客户准入	人工控制	系统控制
征信解析	人工解析	系统自动解析 + 人工干预结果
押品评估	内评 + 外评	自动化评估 + 人工干预结果
授信调查、核查	客户经理 + 风险经理（现场）	1. 客户经理现场单人 + 远程视频 2. 模型准入 + 现场核实
授信审查、审批模块	人工审查审批	1. 自动化审批 + 集中专业化审查 2. 在授信系统电子化流程中，将合同、放款等环节的部分关键要素前移至申请审批环节 3. 对调查内容字段化、模块化
放款	手工操作	1. 系统生成，手工操作 2. 系统生成，自动放款
后续检查	1. 形式化检查 2. 风险后置检查 3. 短信提示	1. 本息催收：自动短信提醒客户及客户经理；自动生成利息逾期客户并进行分析 2. 风险预警：自动生成预警信号，实现预警信息报送、解除、流程跟踪等系统功能 3. 非现场检查：征信、押品价值、押品状态自动检查；客户经理提醒（短信、邮件、流程）
还款	线下 + 线上还款	在线还款

总之，当下中小农商银行的科技创新，不需要创造新事物，只需要把部分新技术工具融入现有业务中来，发挥好线上线下两个方面的作用就行。这方面，国内的一些学者已经提出了相关的理论依据，一些科技公司也已经有了现成的系统支撑。想，都是问题；做，才有答案。用在这里，同样适用。

RETAIL
BANKING

第六节
几点务实建议

在生存问题的拷问下，中小农商银行做金融科技，必须大破大立，大胆尝试。这是一个思考的基点。在此基础上，面对短板和优势，如何更好发挥优势，规避劣势，方向确定后如何保障落地，在发展中寻求更优的突破。笔者基于中小农商银行的实践和理论研究，提出以下建议。

○ **基础要打牢。**中小农商银行做金融科技的基础，主要是思想基础和技术基础。

思想方面，中小农商银行加强金融科技建设，尝试线上服务的思想，大家的认识是一致的。但是，具体到每家中小农商银行，情况不同，认识深度和一致度是不同的。最关键的是决策层面思想沟通。农商银行的决策者传统放贷经验丰富，但对互联网信贷的认识，相对匮乏和片面。因此，务必在决策层面进行全方位的沟通，看到线上业务的本质，既不故步自封，也不盲目乐观。而是要基于自身实际，确定务实做法，并要大力度地统筹和推动。这是中小农商银行开展互联网金融的前提。

同时，一定要克服一些错误思想，例如，认为买个系统就能解决问题、搞个模型就能解决风控、签个合同就能引客，等等。要明确线上目的，不要把这项工作作为一个时髦的事情，而是作为长远发展的基石，要在成本、获客、风控、收益之间算好短期和长期"账"。要研究划定线上重点，要从地域维度、存量增量维度、用途维度等不同维度确定适合自身的重点项目和产品。要按照基础先行、产品不停步的理念来推动，重点做好在线申请、移动展业、数据化、标准化、智能模型自动化审批、在线签约提还款、大数据贷后监测等发挥"四梁八柱"作用的基础建设，并要在人才、考核等保障性方面，给予坚实支持。

技术方面。最近十年，金融科技企业用更低的成本、更快的速度，超越了银行业三十年的信息化道路，构建起由外向内、服务用户的技术架构。这与由内向外、主要服务于银行的 IT 架构具有本质区别。未来的银行科技架构也必将全面向服务用户的架构转变。

中小农商银行的转变不可能一蹴而就，其 IT 架构必然要经历一个渐进式的演进过程，有业内专家测算，新旧架构并存将持续 3~5 年。新架构的建立、新技术的掌握，一是依赖银行自有资源与内部能力，二是借力外部资源与技术能力。对于中小农商银行而言，后者更为现实和可行。而嫁接式金融科技可能是最优选择。

○ **线下要跟上。**科技发展到今天，技术不是问题，关键看谁用。更适合中小农商银行的线上线下信贷模式连着两端，一端是线上，一端是线下，任何一个方面做不到位，都不会发挥最大效用。即使是纯线上的业务，中小农商银行也要发挥好线下营销、获客、面签、催收等作用。

线下的每个人对这种业务模式的认识不同，给客户传导的信息也会不同。因此，有必要采用在全员中开展思想大讨论、在信贷人员中开展业务准入考试等方式，把大家的思想认识在执行层面统一起来。

同时，在管理和考核方面要配套。如果将线上业务嵌入现行的银行管理理念和架构中，根本是行不通的。互联网金融的理念是实质风险大于形式风险，只要挣得比赔得多，就敢于尝试。银行的理念是形式和实质风险并重，挣多少是一个方面，但绝对不能赔。因此，针对线上业务需要线下支撑的部分，要建立线下支撑项目目录，给信贷经理等人员制定执行手册，对应到考核、评优等制度当中，实现独立考核、独立规范、独立发展的目的。比如，有的农商银行把线上推到线下的业务办理情况，纳入不作为、慢作为、乱作为的纪检监察要件，效果就很好。随着线下人员对线上业务的认识和理解程度的提高，特别是全行数字化"一盘棋"的水平提升，再逐步将线上线下归为一统。

◎ **客群要选准**。银行历来都有大小通吃、什么都想干的思维惯性。互联网信贷模式不能采取这种方式，中小农商银行开始做这件事情，要先回答"九问"，哪类客户是我们的客户？这类客户诉求在哪里？我们的优势在哪里？我们的短板在哪里？哪些我们自己可以做？哪些需要省级联社的支持？哪些是要与监管部门和人行沟通和争取支持的？哪些是当下我们能做的？哪些要分步骤去推进？只有把这些问题想清楚，弄明白，才能够在实施中少走弯路、避免浪费。

根据目前的实际，中大额、中等风险的客户才是中小农商银行的主要客群。因为是中大额，所以采取线上＋线下的模式，是现实性选择，且可以同时发挥线上线下两个方面的优势。因为是中等风险，所以在传统风控之上，要增加互联网风控手段。这种方式相较传统方式效率提升了，客户体验也一定程度上增强了。

重点做中大额客群，主做线上＋线下模式，不代表不探索纯线上模式，只是有个先后顺序和业务侧重。对于中小农商银行来说，只有打好了线下＋线上的基础，才能逐步向更多的机器代替人转变，才建议考虑纯线上业务。

◎ **模式要选好。**当"互联网 +"从 IT 时代发展到 DT 时代，各方面的金融科技都渐次成熟，关键在于中小农商银行如何结合自身实际来选择利用。

实际上，金融科技的发展方式没有所谓的先进落后、优劣之分，只有合适不合适，具体取决于银行的业务特点和自身科技能力。中小农商银行的长项不在科技，无论是采取自建还是借力的模式，都无需过度追求技术创新。深耕本地的业务经验才是中小农商银行的优势，多年积累的行内数据以及通过外部社会资源获取的数据也是银行核心资源。如何将业务—技术—数据深度融合，是中小农商银行发展金融科技应思考的根本问题。

总体来看，笔者认为中小农商银行有四条路可走。第一条路是自建队伍，自主研发。这比较适合中大型或者区位优势较好的农商银行，好处在于产权归己，迭代随时，不足在于前期投入较大，时间较为漫长。第二条路是引入顾问、指导研发。适合具备一定科技基础、有一定区位便利的农商银行，好处在于顶层设计、少走弯路，不足之处在于基础条件需要具备。第三条路是创业合作，各取所需。适合区位较偏的中小农商银行，好处在于一起创业、只需要提出需求即可，不需要过多投入，不足之处在于创业合作方选择较难。第四条路是联合第三方，共同研发。适合区位较好、有一定科技基础、资金也比较充足的农商银行，好处在于上手就干、快速上线，不足之处在于费用投入较大或者分润较多，且不好培养自主能力。

每条路都有优劣，需要因地制宜，按需选择。但是，笔者认为，先干起来比等着看强，助技比助贷更可行，要注重信息安全，但不能成为不敢尝试的借口。

◎ **队伍要拉起来。**就像改革之初，我国采取了"以市场换技术"

的策略一样，中小农商银行的金融科技建设，也需要走这样一条引资、引智、引技的路子。引技是不得已而为之的一种策略，关键在于通过与第三方公司的合作，锻炼队伍，积淀经验。

各家机构的市场不同、客户定位不同、系统现状不同，单纯的"拿来主义"多半会水土不服。因此，要重点培养懂业务、懂技术的专业团队。要让业务人员提出需求，而不是仅仅是提要求。需求要细，细到可预见，可执行，甚至可以直接"敲代码"。业务开发方向以行里为主导，依靠但不依赖金融科技公司，让行内人员积极主动参与项目需求、设计、研发的各环节中，在项目中锻炼，在实践中成长，逐步培养独立的建模、数据分析、运维、调优等复核型人才队伍。同时，在这个过程中，逐步引导银行决策、执行等环节的思维从过去的以我为主思维向互联网的共享、开放思维转变，实现从行动到思想上的全方位提升。

基于三点考量：一是中小农商银行的客群主要在当地，线下优势要充分发挥；二是银行的贷款额度相对较大，风险特别是欺诈风险更大，需要线下验证环节；三是中小农商银行当地优势，特别是获取真实的当地数据方面具备天然优势，要充分利用。笔者认为，不管哪种模式，线上＋线下信贷模式是中小农商银行现阶段的主要路径。既然认准了路，就不要犹豫，干就完了。正如汪国真的诗里写的一样：我不去想是否成功，既然选择了远方，便只顾风雨兼程。

◎ **保障要给力**。中小农商银行搞科技创新，要引入项目组理念和做法，打破部门墙。没有组织保障的技术，要么建不起来，要么建起来用不好。可行的方法是，将业务和科技骨干整合在一起，成立项目组，由一个分管领导牵头，让懂科技的人才和懂业务的人才"混编"在一起，深度、序时交流，用各自的强项、对方的思维解决问题。这其中，让科技的人学业务还好，让懂业务的人懂科技，相对比较难，但至少能够做到需求谈得出、讲得清，少绕路，不返工。在此，顺便给中小农商银行提个建议，今后校园招聘，多数以科技相关人员为主；业务人员可以从内部选拔或者从行外引入。

因此，中小农商银行要发挥独立法人、自主决策的优势，加强部门职能整合和部门联动能力，朝着一个方向努力。如果没有发挥中小农商银行独立法人的优势，整合能力削弱，那么，这条路也是走不通的。而且，一定要配套建立容错机制。没有容错就没有创新，有的，也是伪创新。

以上是笔者针对现阶段中小农商银行开展科技创新的几点建议，主旨就两条，一是要采取科技创新，没有条件创造条件也要上；二是主要以线上＋线下的方式开展信贷业务。只要把底层逻辑想清楚了，把基础流程和技术铺设好了，把关键保障做到位了，中小农商银行可以尝试以新换旧的服务模式，逐步迁移传统业务。渐渐地，中小农商银行的金融科技就像老树生新花一样，呈现出别样的勃勃生机。

第七节
数字化畅想

不得不说，数字化对于中小农商银行来说，是一个美好的愿景。因此，将本节题目定位于"畅想"。所谓畅想，是无拘无束地尽情想象的意思。对于大多数中小农商银行来说，数字化转型确实还处于畅想阶段。但是，想总比不想要强。如果再能去做，畅想就有可能变成"唱响"。

嫁接式金融科技创新与数字化转型是有着本质区别的。在中小农商银行还在进行零售业务转型，还在奋力探索金融科技的时候，一些走在前面的银行，已经在进行数字化转型。如果说金融科技还只是"术"的层面填补技术空白，是一种改良主义，那么，数字化转型就一定是银行经营和管理在"道"的层面的全面转型，是一场不折不扣的革命。中小农商银行通过嫁接式金融科技搞出了一个"苹果梨"，通过数字化转型就要培育出苹果或者梨的全体系基因优化产品。

所谓数字化转型，是对银行系统的重新定义，包括组织架构、业务流程、业务模式、IT 系统、人员能力等方面。转型后，数字化将更好地驱动业务发展，提供经营管理抓手，创新商业模式，带动银行业务的内生增长。简单说，"数字"是原材料，"化"是技术，"转型"是目标。涉及的范围是全体系的，包括但不限于数字化的客户管理、产品管理、渠道管理、营销管理、风险管理、人才管理、绩效管理、成本管理、审计管理、资本管理、资产管理等。聚焦一下，对于中小农商银行来说，当下可能最急需的，是客户、产品、组织、人力资源和技术架构五个方面的数字化转型。

嫁接式金融科技还局限于具体业务的线上化部署，数字化转型就不只是业务层面，而是上升为经营和管理层面，实现真正的智慧经营，全部通过数字化提供决策依据，用可视化保证效率。这对大行来说都是挑战，何况中小农商银行。但是，这是银行发展的必然趋势，无非是迟来一天、早来一天的事儿。事实上，个别发展不错的中小农商银行已经开始在这方面"试水"，大多数中小农商银行在数字化的局部做了探索，并且都取得了不错的效果。这也证明，中小农商银行数字化转型，非不能也，在于愿不愿、敢不敢为。因此，具备一定条件的中小农商银行，完全可以在这方面果断决策、大胆探索。

◎ **拥抱数字化浪潮。**数字经济是未来经济的发展趋势。2018 年，数字经济占 GDP 的 34.8%，成为未来经济发展的新引擎。从某种程度上讲，银行也是高危行业。因为银行的基础在经济，"高危"就在于经济的变动。唯有跟上时代，顺应经济发展趋势，银行才有可能不被时代抛弃，不被趋势说再见。因此，数字经济时代，数字化转型是中小农商银行的必然选择。否则，中小农商银行就被数字化浪潮拍在沙滩上了。

为什么这样说呢？我们每个人都扪心自问，或者切身体会一下。现在的技术进步有多大、多快啊。吃穿住行都和过去的方式不一样了。过去，银行是金融市场的主导。现在，这种情势变了，银行不再是主导了，而是由社会来主导了。客户行为也在发生颠覆性变化，个性化、线上化、移动化是主要的诉求，数字化应用改变了社会的经商、工作、学习、休息和思考的方式，改变了企业的合作关系、运营模式、体制结构，使个人和组织之间的价值链条逐步演变为数字化价值网络。市场竞争更是在发生翻天覆地的变化，互联网金融来势汹汹，行业生态加速演进，同业竞争白热化。变化不是用来看的，是用来拥抱的。变化更不是抱怨可以解决的，适者生存在此同样适用。

而对于中小农商银行来说，最直观的感受可能集中在三个方面。

一是经营环境确实和过去不一样了。大数据时代的技术变革客观上降低了金融服务业的准入门槛，互联网企业在获客能力、产品创新、大数据处理等方面的能力与银行相比具有明显优势，由此带来的互联网金融服务，将直接冲击甚至威胁到中小农商银行这样的传统银行的运营模式。

二是客户"胃口"越来越难以满足了。客户对产品和服务的选择余地更加广阔，不再受地域和时空的限制，可以在不同银行间随性"漫游"，导致银行客户的忠诚度大幅降低，在获客、留客等方面面临巨大挑战。此外，客户个性化服务的需求逐渐被激发，呈现出多样性和易变性的特点，要求银行必须能实时捕捉客户需求，优化产品组合，定制个性化营销服务。一句话，对银行的经营能力提出了更高的要求。

三是科技的作用越来越大了。在大数据时代，谁掌握的数据海量、全面、准确，谁的分析挖掘、模型化能力强，谁就能够占据主动和先机。这就倒逼中小农商银行必须具备海量的数据储存、转化、模型化和挖掘能力，加快大数据人才的储备，抓紧提升科技对业务发展的贡献度。

面对这一轮浪潮，中小农商银行是争当弄潮儿，还是被席卷而去，主要取决于中小农商银行的态度和能力。而态度重于能力。

中小农商银行多年来扎根本土，悉心耕耘，具备数据优势、声誉优势和规模优势，加之决策链条短，只要能够树立大数据思维，通过金融科技的赋能，可以把优势转化为胜势，形成绝对竞争优势。但是，这个态度不好"拿"，需要对传统的思维方式和做事方式进行彻底改变；需要由过去拼劳力、拼资源、拼成本的粗放式模式，向拼知识、拼技术、拼信息、拼效率的精细化模式转变；需要在目前的数字化方面无产品、无客户、无效率、无体验、无运营、无业务、无效益的"七无"空白区上，建设标准化、流程化、专业化、自动化、智能化的转型新高地。

"荣耀属于那些亲自置身战场的勇者，他们灰头土脸、血污满溅却依旧在奋勇搏杀，他们经历坎坷、一错再错却仍然没放弃努力，他们满怀热忱，全力以赴，最终迎接他们的可能是辉煌的战果，也可能是糟糕的落败，但至少他们曾经骄傲地放手一搏过。"对于这种转变，中小农商银行也需要一种精神，需要放手一搏。

◌ **数字化转型目标。**中小农商银行决定了放手一搏数字化转型，首先要明确数字化转型的目标是什么？概括起来，主要包括三个方面。

一是洞察客户。借助数字化工具，增强 KYC，对客户需求快速响应，提升客户体验，真正做到以客户为中心，更好地了解、满足客户需求。

二是降本增效。通过流程线上化、数据化，降低了人工成本；通过营销精准化，降低了运营成本；通过数字化风控，降低了风险成本；通过主动合规，降低了合规风险；通过生态化经营体系，拓展盈利边界。以此达到降低成本，提升经营效益的目的。

三是提升能力。通过更高效整合"金融 + 非金融"资源，建立更个性化、专业化的商业模式，更有效地提升研发效率，更好地应对同业、跨业竞争，实现整合资源，提升市场竞争力的目标。同时，赋能员工，提升服务客户的能力；赋能客户，在客户有好的体验的基础上，增强金融使用能力。

数字化也并不神秘，就是"开放生态 + 智能技术 + 用户下沉"的综合。图 4-13 是笔者结合中小农商银行的现状，作出的理论模型，大家可以局部参考，单点突破；也可以整体统筹，全力统筹。

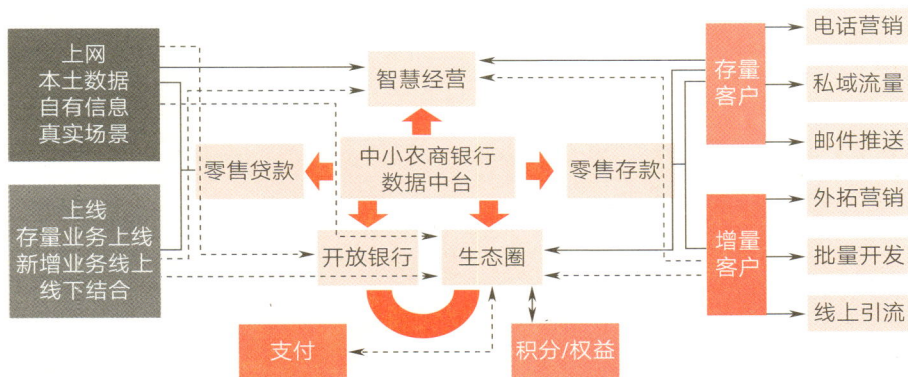

图 4-13　中小农商银行数字化转型理论模型图

在这一理论模型图中，数据中台既是一个新鲜事物，也是一个必然选择。大数据本质是数据融合，这需要从多个维度来打桩、建基础。数据中台是把原本各自独立的数据互相关联、融合，并通过抽象、加工构建数据资产标签类目体系，从而赋予数据更深层次的语义和价值，为更好地洞察客户和事务的本质服务。它好比是中小农商银行的航空母舰，上面聚集了对外经营、对外链接、对内决策、对内赋能的各项数据职能。对于工作目标，决策者用数据思维思考，依靠概率断定；员工用标签营销，用智能方式管理。因此，数据中台是一个输送精准打击炮弹的平台，是输出能力的平台。

数据中台是从 2019 年开始最早在互联网金融公司"火"起来的一个概念。但笔者认为，这个概念非常适合中小农商银行进行数字化转型借鉴使用，甚至可以这样说，这是中小农商银行多快好省转型数字化的必由之路。理由主要有几点，供大家参考。一是数据中台是一整套机制，而不单纯是技术，是动员全行上下、行内行外各类资源的一次数据大汇聚、大应用，是从理念到组织、再到行动的体系化变革。二是数据中台具备包容性，既可以延续 IT 时代的服务器演化，也能接续 DT 时代的多云环境，可以快速形成数据服务能力，为经营决策和精细化运营提供支撑。三是数据中台的根本性创新在于把"数据资产"作为一个基础要素独立出来，让数据作为一种资产融入业务价值创造过程中，并源源不断提供生产动力。四是数据中台的使命是"让数据持续用起来"，而不仅仅是目前的"存"起来，不同于数据治理、业务中台、数据仓库，其最大的特征是要产生价值，进行价值创造。数据中台产生价值的大致路径是，中小农商银行可以通过存量和新增业务对数据的滋养，形成一套高效可靠的数据资产体系和数据服务能力，当出现新的市场变化，需要构建新的前台应用的时候，可以迅速提供数据服务，快速响应各项创新。也即从业务数据化，到数据资产化和资产服务化，再到服务业务化。业务产生数据，数据服务业务，业务在阳，数据在阴，阴阳互补，形成闭环。可以打个比喻，数据中台是中小农商银行数字化转型的一个重要"支点"。

○ **数字化转型路径。**中小农商银行数字化转型的具体路径怎么走？各地情况不同，没有统一的标准答案。从一些行业的先行者、佼佼者的成功案例中，大致可以总结出以下这样的规律，笔者称之为"三步走"策略。

一是业务数字化。中小农商银行自建或者依托省级联社，以电子化（手机银行）、线上化、移动化、数据化为主要特征，将线下收集客户信息、线下营销、线下调查、线下审查、线下审批、线下档案管理等全流程放到线上，在降低人工损耗、释放客户经理精力、加强信贷全流程管控等方面，发挥了积极作用。这种模式相当于传统业务的"线上版"，符合当下应用，但落后趋势需求。我将这个阶段称之为数字化转型的"被动阶段"。因为这是将现有业务通过科技的方式呈现出来，属于被动应付客户需求的状态。

二是数字业务化。在上面模式的基础上，进一步前探，主要标志是开放化、智能化、生态化。在获客端，充分利用大数据技术，与各类平台广泛合作，实现线上线下全面获客。在风控端，基于当地数据、三方数据、征信数据等大数据，设定策略、制定规则、设计模型。在贷中贷后管理上，也可以利用互联网思维，在贷款期限、资产处置等方面作出积极的探索。同时，针对目标客群、潜在客群，主动出击，全面画像，精准营销适合的产品。我将这个阶段称之为"主动阶段"。因为银行在这个阶段把数据作为"武器"和"炮弹"，主动利用，"隔空直击"，参与市场竞争和服务客户。

三是数字化治理。有权威机构资料显示：以标准回归模型分析，截至 2018 年的银行估值偏差中 40% 的偏差由主营业务所在地造成，而其余 60% 则归于金融科技战略、管理运营等其他因素。由此，金融科技将银行由过去的"地理决定论"推向了现在和未来的"科技决定论"，数字化转型成了必然选择。在金融科技赋能的数字化转型过程中，银行管理效率明显提升、智能决策机制和管理流程建立和优化，更主要的是数字管理文化逐步积淀。我将这个阶段称之为"虚拟时代"。因为这个阶段的银行经营和管理，由当下的"经验 + 统计"的模式，上升为更多地依靠"数据预判 + 智能辅助决策"的模式。

○ **新型数字化生产关系**。如果说数字化转型是银行业的新的生产力，那么，需要相应的新的生产关系。否则，就会产生动力掣肘，起到反向作用。而这对于中小农商银行来说，做到不难，难在思路打通。根据笔者的观察，有以下几个关键点。

一是中小农商银行的领导者要树立互联网思维，采取充分授权机制，局部建立敏捷组织。否则，让不懂科技的领导者决策金融科技、数字化等议题，且混编到传统组织架构当中，大部分还是存在实际困难的。中小农商银行要将此视为一场革命来对待。"一把手"要将此项工作作为主要工作来亲自部署、亲自推动，亲自解决涉及的关键问题，因为"一把手"的资源最富集，非此难以成事。

二是被授权人员要树立担当意识，不瞻前顾后、怕这怕那，否则，这事儿也难成。同时，要具备穿透数字化业务底层逻辑的能力，具备调动建模师、算法师等各类专业人员工作动力的专业素养，具备保障科技人员和业务人员相互融合的管理水平。

三是重塑组织模式。敏捷组织与数字化转型相辅相成，是对原有人力资源的重新配置，需要通过"信任 + 授权"的方式，减少组织中间环节，改变决策和信息反馈方式，充分调动人员的积极性，发挥人员的内在价值。敏捷组织以敏捷小组为基本工作单元，小组成员端到端、跨职能，负责客户的经营、产品的研发。组织要由"机器"般运作改变为"有机体"，领导扮演协调和支持的作用。

同时，要搭建总分支数字化营销体系。总行重点负责提升规划客群、规划产品、规划渠道、规划活动等能力；搭建数据平台、应用工具等基础设施；建立客户价值评价体系；加强转型文化宣导。分行重点负责强化零售业务区域营销的作用，为支行"减负""赋能"。支行要明确岗位设置，理顺工作流程，建立日常规范，做好营销和线上业务落地事项，经营好网格化范围内客群。

四是紧紧抓住数据真实性这个关键点，充分发挥当地数据获取的优势，重点抓工资代发和粮食直补这两类相对开放数据。在此基础上，扩展社保、公积金、税务等其他立竿见影的数据。第三方数据重点解决多头借贷等"面"上的风控，本地数据重点解决"点"的授信额度问题，实现良性互动、有机结合。

五是扎实推动数据治理，这是银行数字化转型的基础，也是一项长期、复杂的系统性工程。要按照监管部门的要求建立数据治理委员会，并切实落地相关职责，让"数据是一种资产"的口号变为可落地的实践。同时，要夯实数据应用基础。主体是三个层面。第一层是基础层，重点是数据采集、数据清洗、数据加工。对历史数据及其质量要更加重视，系统地推进包括标准、质量、元数据等细项梳理和建设。有的省级联社也建立了数据仓库，中小农商银行可以在此基础上，建立自己的子仓库。第二层是数据中台，主要是平台建设和数据模型。平台建设包括但不限于数据开放运营平台、数据整合平台、实施数据平台、数据资产整合平台。数据模型包括但不限于数据驱动的精准营销、智能风控、数字运营等模型。第三层是应用层，重点是基于精准营销的大数据风控和赋能。

六是从财务角度看，改变传统记账和算账方式，将科技投入按照风投的理念去转换，将科技投入视作资本，而不是费用。条件具备的中小农商银行可以考虑将科技部门从成本中心向利润中心转换，探索建立金融科技公司。

七是建立容错机制，不要光看科技体验好的一面，那是无数次试错后的结果。错误主要来自两个方面，一是决策层面，二是操作层面。不管是哪个层面，出现错误是正常的，不出现错误才是不正常的。要采取引入专家指导、整体规划等方式，尽量避免不必要的问题，也不必因壹废食，讳疾忌医。只要方向正确，肯下功夫，中小农商银行的"小创新"更接地气，可以发挥"大作用"。

总体来说，对于大多数中小农商银行来说，数字化转型还只是"梦想"，仅此而已。决定这个"梦想"实现的变量有很多，主要还是回到了管理体制问题上。用现行管理方式，显然是不行的。科技可以改变业务，却难以撼动体制。但是，中小农商银行不能放弃嫁接式金融科技的探索，因为这本身就是数字化转型的初始阶段和技术层面的积淀。随着今后技术的进步和形势的变化，特别是危机倒逼的问题出现，有些制约数字化转型的因素，特别是技术管控体制，可以完全或者局部放开，这也不是不可能的。机遇总是垂青有准备的人。因此，从现在开始，中小农商银行准备吧！

05.

第五章
重复的话 □

　　"山重水复疑无路，柳暗花明又一村。"这句诗特别
适合当下的中小农商银行。山重水复，是大家共同的困惑，
因为有困惑才走了弯路。柳暗花明，是大家共同的希望，因
为有希望才会发现"又一村"。回归本源，不忘初心，对于
中小农商银行来说，既是政治要求，也是自身发展的正确道
路。所谓本源，用银行的话说，就是零售业务。所谓初心，
用政治的语言讲，就是用金融为人民服务。中小农商银行的
战略在70年前国家就已经做了定位，我们需要做的，就是立
足当地实际，顺应时代潮流，把金融服务最空白、最边缘、
最末梢的客群服务好　，并在义利之间、服务这部分客户风险
与自身可持续发展中间求得平衡，努力进步。

RETAIL
BANKING

第一节
基本打法

中小农商银行的发展历程，恰恰是本世纪我国经济和社会的"一面镜子"，也曾辉煌，也曾迷茫，从浮躁到焦躁，终归化作理性，回归本源。

中小农商银行现在的安逸，是把头伸进沙子里的鸵鸟，危机已经逼近，而面临的时代，希望与挑战并存，需要传承历史，结合现状，理性选择发展道路，锻造内生力，追赶数字化是优选道路。

◎ **锻造内生力。**决定中小农商银行生死兴衰的因素有很多，但主要还得靠自己。以目前的实际来看，线下还是主要发力点。因此，要重点用好"人海战术"。这就需要充分地激发内生动力。

动力之源来源于文化，培育文化关键在于"一把手"，体现在于全行每一个人。中小农商银行可以从内生动力"五角模型"中形成思想基础，在建造零售"浮图塔"过程中予以落实。

"五角模型"中的思维力、发掘力、整合力、赋能力、学习力，概括起来就是总行和领导的统领能力。只要这种统筹到位，领导有方，独立法人优势必然彰显，部门联动必然顺畅自然，上下协同必然合力给力，业务与科技必然全面开花。在一方水土，中小农商银行必然是"地头蛇"。

"浮图塔"模型中的七个方面，基本涵盖了零售那些事儿。零售业务的特征决定了业务的零散性、琐碎性，既需要每一类业务按照点线面体的思维去落地，也需要整体按照体系化方式来推动。"文官不爱财、武将不惜死"，决定一个王朝的兴盛。同理，决定中小农商银行营销成果和经营成效的，既在于前台和支行的英雄主义、营销能力，更在于中后台的赋能意识和保障供给能力。

◯ **追赶数字化。**实现普惠金融的初心，就要做好长尾客群服务。做好长尾客群服务，就要在人力边界上寻求突破，在科技支撑上下功夫。这不能只停留在嘴上，更要敢于突破传统樊篱和现实障碍，像小草一样，在夹缝当中寻觅生长空间。嫁接式金融科技是现实路径，数字化转型是美好未来。

嫁接式金融科技的前提是省级联社对待科技系统的态度。如果是作为管理手段来看待，中小农商银行只能是自力更生，曲线救国。如果是作为技术手段来看待，以目前的技术进步状况而言，中小农商银行的那点需求，没有什么是做不到的。不管哪种情况，中小农商银行的科技创新必然是嫁接式的，因为省级联社是管理主体，中小农商银行是经营主体。

中小农商银行的科技创新，既要进行充分思维辨析，做好先行规划，更要找准重点，循序渐进地推动。当下，信贷业务是重点，主要有三条道路。

第一条道路是传统的线下道路。这条路的好处在于大家走惯了，也走顺了，都会走。不足之处在于人力边界太受局限，道德风险不好把握，质和量两端都存在无法避免的问题。要利用智能柜员等方式，把柜台里面的人释放出来，走向市场。

第二条道路是纯线上道路。这条道路最爽，也最险。好处在于几乎不需要人工参与，即便参与也仅仅是在线下营销端和催收端，客户的体验感最好。不足之处在于额度相对较小，实现难度最大，风险不好把控。

第三条道路是线上线下结合道路。这条路的好处在于不影响现有业务，只需要再增加线上通道即可，并扩大了获客范围，增强了客户体验和风险防控能力，而且更符合当下中小农商银行的业务特征。不足之处在于线上线下的交互，需要强大的统筹能力，并且相比于纯线上方式，体验和拓展范围还是差一些。

综合来看，无论是可实现性，还是风险把控度，现阶段，线上线下结合这条路是中小农商银行的现实选择和可行路径。

智慧信贷工厂模式是中小农商银行可以尝试的一个方向。其不改变银行信贷基本逻辑，不同于互联网金融的做法，但充分应用了科技的最新成果，让传统业务的效率提升了、风控强化了、普惠愿望无限接近了。

数字化经济呼吁和需要数字化银行。数字化转型是中小农商银行至少十年之后的事情，因为我们总是尾随在其他银行的后面，至少也要等到"90后""00后"成为这个社会的主体。但这并不影响从现在开始的探索和基础搭建。无论是内部管理还是外部营销，科技支撑无疑都是必需的，数字引领无疑是必然的，智慧经营也必然是中小农商银行要完成的一个课题。

未来的未来，"人＋科技＋生活圈"必然是中小农商银行必由之路和发展愿景。客户，客户，还是客户。跟不上客户变化，才是中小农商银行最大的政治和发展风险。中小农商银行要用生活圈银行的方式，重

拾 "商" 的环节，以此带来支付，进而延伸存贷业务，而不是目前只做自己金融的事情，那样就真的变成 "孤家寡人" 了。

人是群居动物，人都是有圈子的。中小农商银行的比较优势和短板都很突出，要取长补短。唯有用人的温度和科技的速度开拓生活圈的广度和深度，中小农商银行才能建立起自身独特的竞争壁垒和护城河。

第二节
经营与管理

- - - - - - - - - - - - - - -

任何企业均无外乎两件事情：经营与管理。经营是生产力，管理是生产关系。挣钱是一种能力，分钱是一种智慧。

◌ **重点性经营。** 对于中小农商银行来说，经营需要重新看待，也需要一种智慧，而且是政治智慧。中小农商银行无论是历史传承，还是能力状况，抑或是主体责任，都必须放到零售业务板块。所以，中小农商银行的业务升级，关键看业务结构调整的如何，零售业务升级的水平如何。

零售业务升级的标志有两个，一是定量的标志，比较直观；二是定性指标，更加根本。

定量标志主要有几个维度：零售贷款在全行贷款中的占比是否超过60%；网点年平均零售资产提升率是否超过20%；交叉销售率是否达到客户人均持有5个以上；零售利润指标是否占到全行的50%以上；当地客户覆盖面是否达到50%以上或者在当地占比最高；有效客户数是否达到30%以上。

定性指标的重点维度有：快速响应机制是否建立；零售管理体制是否畅行；网点功能是否转型；支行经营和员工营销能力是否提升；金融科技应用水平是否切实提高；科技支撑和数字化支撑保障是否给力。

◎ **全体系管理。**中小农商银行的业务升级，体现在指标上，也内化在管理上，并要作出深刻的转变。

从管理"艺术"向管理"科学"转变。中小农商银行是一个裙带关系比较复杂、圈子相对封闭的银行。过去，管理靠"艺术"，所谓"艺术"，就是会搞好关系，会"和谐"。在生死存亡考验的今天，这种方式显然是不能再维系了；否则，这份历史罪责难逃啊。还是要用科学的方式，公平的机会、有效的激励，以及严明的纪律，选好人、用对人，也敢得罪人。

从基于支行的高度属地化、个性化的经营模式向总行统领的高度标准化转变。法人一统让过去的农信社两级管理方式发生了质的改变。但是，思维却不是一下子就能跟上来的。在竞争日益激烈的市场环境下，在各项条件具备的情况下，中小农商银行的统领能力既是必然选择，实现一个拳头对外，也具备可实现性，多个标准向内。

从基于主观经验判断的决策方式向强大数据分析能力的决策方式转变。大数据时代，经验是需要的，但数据化的力量更是不可逆转。要把这些经验转化为代码，用数据的思维、量化的办法、可视的角度来决策，这比过去的糊涂账、拍脑门靠谱多了。

从规模导向向价值导向转变。中小农商银行不要再把存贷款等规模性指标挂在嘴上了，这不是自己的强项。要多说说服务客户深度和广度的指标，这才是要做的事情。不管出去学习，还是自身经营，多把精力放在铺设"管道"上，"渠成"才能"水到"。在此基础上，要从客户服务和发展质量两个维度设计和实现指标体系与激励约束机制。

从前线销售能力主导的发展方式向总行中台决策能力主导的发展方式转变。无论是市场营销统一化，还是产品研发的标准化，抑或是数据分析、风险管理的集中化，总体的趋势是在数字科技的赋能下，都要作出根本性的改变。一线不需要那么多无用功，也不怕"一手清"，因为回归了自己的营销主责。而总行也不必在事无巨细和漏洞百出中间反复徘徊了。大家各安其位，努力奔跑就好。

总之，普惠金融的经营 + 商业银行机制的管理，这才是中小农商银行提高政治站位、顺应政策导向、立足地方实际、面向未来发展的应有姿态。

最后，把陆游的一首诗《逆境》送给每一个拼搏和奋斗在中小农商银行业务升级和科技创新路上的同志们！

步步常由逆境行，极知造物欲其成。

磨砻久已尽芒角，烹煮岂容重发生。

死到面前犹觉小，事於身外孰非轻。

出门不必名山去，但见风烟已眼明。

参考文献

[1] 中国银行业协会农村合作金融工作委员会. 全国农村商业银行行业发展报告（2019）[M]. 北京：中国金融出版社，2019.

[2] 刘勇，李达. 开放银行：服务无界与未来银行 [M]. 北京：中信出版集团股份有限公司，2019.

[3] 张晓朴，姚勇，等. 未来智能银行：金融科技与银行新生态 [M]. 北京：中信出版集团股份有限公司，2018.

[4] 林国沣，方溪源. 中国零售银行业的创新机遇：应对新机遇　捕捉新洞见 [M]. 上海：上海交通大学出版社，2014.

[5] 李奇霖，谭小芬，居上，等. 中小银行危机与转型 [M]. 北京：中国金融出版社，2019.

[6] 王军伟. 风控：大数据时代下的信贷风险管理和实践 [M]. 北京：电子工业出版社，2017.

[7] 周涛. 为数据而生：大数据创新实践 [M]. 北京：北京联合出版公司，2016.

[8] 陈红梅. 互联网信贷风险与大数据：如何开始互联网金融实践 [M]. 北京：清华大学出版社，2015.

[9] 卞维林，黎绍健. 零售金融新实践（第一辑）[M]. 广州：广东经济出版社，2019.

[10] 吴军. 智能时代：大数据与智能革命重新定义未来 [M]. 北京：中信出版社，2016.

[11] 付晓岩. 银行数字化转型 [M]. 北京：机械工业出版社，2020.

[12] 林国沣，方溪源. 中国零售银行业的创新机遇：应对新机遇，捕捉新洞见 [M]. 上海：上海交通大学出版社，2014.

[13] 付登坡，江敏，任寅姿，等. 数据中台：让数据用起来 [M]. 北京：机械工业出版社，2020.

后 记

首先，这不是一本工具书，因为我不是专家，更不是"砖家"。所以，请不要按图索骥，查找资料，更不要直接使用，以免绊倒您前进的脚步。

其次，这是一本交流书，因为我干过，干过是一种实力。我敢保证，本书对您会多多少少有点思维启发和实际用处。因为这些内容都是我学习、看到和做过的事情，有成功的经验，有失败的教训，也有还在路上的探索。

我尽可能从中小农商银行"局中人"的角度，去想，去写，去表达，可能无法登大雅之堂，只求您能够听得懂，我们交流到位。

我一直认为，人是有阶层的，但是，人性是平等的。无论内部管理，还是客户经营，多些人性化的东西，少些所谓体制管理的东西，这样更适合中小农商银行。因此，有一种情怀始终隐藏在书中，相信您已经体会到了。

书中大量地引用了一些专业公司、业界高手的观点，他们是我心中"隐秘的巨人"。我曾经废寝忘食地吮吸着这些营养，浇灌在自己的"一亩三分地里"，培育、修剪和实践，逐渐地生根发芽。现在分享出来，希望能够在中小农商银行的大地上呈现出丰收的景象。

所以，请按照下面的方式来对待这本书：

第一种，直接从头读到尾。我尽量用平实的话、面对面交流的方式来表达，少讲术语，多讲实话，这本书的阅读体验应该是爽的。

第二种，直接翻到您比较关注或者重要的章节。每章都有思路和操作方式。重要的事情说三遍：一定要结合自身实际、一定要结合自身实际、一定要结合自身实际。

第三种，看后尝试讲给身边的人听，和其他人交流、讨论和争辩，这会让你加深理解。在讲不下去的时候，回到书上来，翻几页，继续讲、继续辩论。

第四种，在这个信息量爆炸的年代，看书确实是一个"枯燥无趣"且消磨时间的事情。看到本书的您，如果是一个"大忙人"，您可以直接跳转到最后一章。

最后，按照惯例，要感谢很多人。

感谢出版社的各位老师，让我的"农商银行三部曲"愿望成真。特别是张铁老师，我自认为我们已经成为朋友，请吃顿饭总不是什么大的问题，但每次都是他结账。这种"亲清"关系，是不是可以当作典范来树立一下。

感谢我所在的单位，我的团队，是大家的共同努力，让我有了实践的平台和写书的素材，并且支持我分享出来。"天下农信是一家"，这或许是一种最好的传承。

感谢"隐秘的巨人",因为时间和精力的原因,一些书籍、资料、媒体无法一一备注,请多包涵;有些观点,间接甚至直接地引用,也请多多原谅。一些农商银行、科技 / 咨询公司的案例,出于广告的避讳,仅仅用了首字母缩写,希望不要计较。

感谢看到这本书的您,特别是还能看到此处的您。如果浪费了您的时间,请多担待;如果还有点用处,不必回谢。如果觉得哪里不妥,欢迎加我微信,多多交流。还是那句话,农商银行有高人,您一定也是其中的一位。

虽是惯例,发自肺腑。后记于此,后会有期。

段治龙

2020 年 7 月

责任编辑：张　铁
责任校对：李俊英
责任印制：张也男

图书在版编目（CIP）数据

玩转零售：中小农商银行业务升级与科技创新 / 段治龙著. —北京：
中国金融出版社，2020.10

ISBN 978-7-5220-0859-2

Ⅰ.①玩…　Ⅱ.①段…　Ⅲ.①中小企业—农村商业银行—经营管理—
研究—中国　Ⅳ.①F832.35

中国版本图书馆CIP数据核字（2020）第203255号

玩转零售：中小农商银行业务升级与科技创新
WANZHUAN LINGSHOU: ZHONG-XIAO NONGSHANG YINHANG YEWU
SHENGJI YU KEJI CHUANGXIN

出版
发行　**中国金融出版社**

社址　北京市丰台区益泽路2号
市场开发部　（010）66024766，63805472，63439533（传真）
网上书店　www.cfph.cn
　　　　　（010）66024766，63372837（传真）
读者服务部　（010）66070833，62568380
邮编　100071
经销　新华书店
印刷　北京侨友印刷有限公司
尺寸　169毫米×239毫米
印张　14.75
字数　180千
版次　2020年10月第1版
印次　2020年10月第1次印刷
定价　50.00元
ISBN 978-7-5220-0859-2
如出现印装错误本社负责调换　联系电话（010）63263947